부모가 주고 싶은 사랑,
아이가 원하는 사랑

**부모가 주고 싶은 사랑,
아이가 원하는 사랑**

초판 1쇄 발행 2014년 2월 25일

지은이 김성은
펴낸이 이지은 **펴낸곳** 팜파스
기획편집 박선희
디자인 조성미 **마케팅** 정우룡
인쇄 (주)미광원색사

출판등록 2002년 12월 30일 제 10-2536호
주소 서울시 마포구 서교동 404-26 팜파스빌딩 2층
대표전화 02-335-3681 **팩스** 02-335-3743
홈페이지 www.pampasbook.com | blog.naver.com/pampasbook
이메일 pampas@pampasbook.com

값 13,000원
ISBN 978-89-98537-40-1 (13590)

ⓒ 2014, 김성은

· 이 책의 일부 내용을 인용하거나 발췌하려면 반드시 저작권자의 동의를 얻어야 합니다.
· 잘못된 책은 바꿔 드립니다.
· 이 책은 《아이가 원하는 사랑을 주세요》의 개정증보판입니다.

이 도서의 국립중앙도서관 출판시도서목록(CIP)은 서지정보유통지원시스템 홈페이지
(http://seoji.nl.go.kr)와 국가자료공동목록시스템(http://www.nl.go.kr/kolisnet)에서
이용하실 수 있습니다.(CIP제어번호: CIP2014003187)

부모가 주고싶은 사랑, 아이가 원하는 사랑

부모들이 꼭 지켜야 하는 육아의 기준선

· 김성은 지음 ·

팜파스

들어가는 글

/부모, 사랑의 방향을 점검해볼 시간/

육아에 관심이 없는 부모는 없을 것입니다. 물론 대개는 엄마가 더 큰 관심을 갖지만, 이런저런 핑계를 대며 육아에 참여하지 않는 아빠들도 최소한의 관심 정도는 가지고 있습니다. 부모가 육아에 관심을 갖는 가장 큰 이유는 '아이를 잘 키우고 싶다는 마음'이라 생각됩니다. 그런데 상담과 강의 현장에서 부모님들을 만나면서, 관심과 열정은 있는데 방향이 잘못되었다는 생각이 자주 듭니다. 이것은 큰 문제입니다.

우리가 부산을 가야 하는데 광주행 기차를 타고 간다면 어떨까요? 기차가 내려가는 방향은 비슷하지만 사실 전혀 다른 선로로 가고 있으며, 종착역도 틀립니다. 그런데도 기차를 타고 간다는 것만으로 만족하는 사람들이 있을까요? 현실에서는 말도 안 되는 이야기라 웃어넘길 일들이 육아에서는 분명 일어납니다. 엉뚱한 방향의 기차를 타고 가는 것이지요. 아무리 노력(좋은 기차를 타는 것)해도 방향(적절한가의 의미)이 틀리다면 헛수고일 뿐입니다.

보통 부모들은 아이를 키우면서 '내가 좋아하는 육아방법이나 방향'을 찾게 됩니다. 그리고 그 방법과 방향이 아이에게 막연히 좋으리라 여깁니다. 다시 말해, 부모는 자신의 육아가 아이와 전혀 다른 노선임을 모르고 노력만 하다가 결국은 아이에게 나쁜 영향을 주는 일이 생긴다는 것입니다.

그렇다면 과연 육아에서 올바른 방향은 무엇일까요? 결론부터 말하자면 부모인 내 성향, 내 감정에 맞는 육아가 아니라 '아이에게 도움이 되는 육아'를 찾아야 합니다. 부모가 아이에게 도움이 되는 육아를 하려고 노력해야만 아이가 행복해집니다. 아이는 정서적, 인지적, 행동적, 도덕적인 면에서 긍정적인 방향으로 성장합니다. 이를 위해서는 '내가 하고 싶은 사랑'과 '아이가 받고 싶은 사랑의 차이점'도 알아야 하고, 육아의 어떤 부분을 강조해야 하는지도 알아야 합니다.

많은 부모들이 아이에게 사랑을 주려고 합니다. 하지만 아이의 상태나 수준 등이 고려되지 않으면 그 사랑은 방임이 되기도 하고, 간섭이 되기도 합니다. 또한 아이가 지켜야 할 도덕적인 부분들을 가르치지 않으면 버릇없고 이기적인 아이가 되기도 합니다.

자신에게 질문해보십시오. 내가 하고 싶은 육아를 하는지 아니면 아이에게 필요한 육아를 하는지, 아이 양육의 기본 목표를 어디에 두는지를 말입니다. 일단 스스로에게 이런 질문들을 던지고 나면, 앞으로 어떤 방향으로 가야 할지 고민하게 될 것입니다. 그리고 정말 아이에게 필요한 것이 무엇인지도 고민하겠지요. 이러한 고민을 하는 부모들을 위해 《아이가 원하는 사랑을 주세요》라는 제목으로 책을 출간한 지 벌써 5년이 되었습니다. 이 책을 새롭게 개정증보하면서 5년 전이나 현재나, 아이를 잘 키우려고 고민하는 부모들에게 이 책이 아이에게 기본적으로 심어줘야 할 사랑의 기준선(마지노선)을 일러주고, 어떤 태도로 아이를 대해야 하는지에 대한 실마리를 주기를 간절히 바라며 임했습니다. 아이를 키우면서 구체적인 선들을 일일이 기억할 수는 없더라도 큰 흐름을 분명하게 이해한다면, 5년 전 이 책을 선택한 선배 엄마들이 경험한 것처럼 여러분의 육아가 한결 수월해질 것입니다.

김성은

들어가는 말 • 부모, 사랑의 방향을 점검해볼 시간 /4

Chapter • 01

부모, 사랑이란 이름의
횡포를 부리고 있지는 않은가?

부모와 아이의 사랑, 너무도 당연해서 자세히 들여다보지 않았던 감정

- '부모의 사랑'이라는 신화에 착각해서는 안 되는 것들 /12
- 부모 마음에 자리한 사랑의 기준은 뭘까? /21
- 그대, 부모에게 잘못된 사랑을 배웠다면 /32
- 성공을 사랑으로 착각하지 말자 /37
- 부모들이 자주 잊는 한 가지, '사랑은 일방향이 아니다' /42

Chapter·02

사랑이란 이름으로
절대 넘어서는 안 될 선이 있다!!
아이 앞에서 마음이 약해지는 순간, 이것만은 잊지 말자!

- 사랑은 아이의 인생에 등대를 세워준다 – 도덕성　/50
- 생활에서 아이의 도덕성을 분명하게 길러주는 방법　/54
- 아이의 사회성을 길러주는 사랑 육아 – 남에게 피해 주는 행동 붙잡기　/64
- 부모들이 착각하는 '배려'와 '양해'의 함정　/71
- 아이의 성장 시기별로 사랑 표현이 달라진다　/77
- 아이의 고집과 독립이 나타나는 1춘기~4춘기,
  부모는 어떻게 해야 할까?　/93
- 아이의 '지금'을 겸허히 받아들이자　/103

Chapter·03

부모의 사랑으로 더 행복해지는
아이의 유치원과 학교생활
부모 품에서 사회로 한 걸음 더 나아가는 아이를 위한 부모의 역할

- 왕따, 다툼, 아이의 친구관계에 어디까지 개입해야 할까? – 친구관계　/110
- 부모의 사랑이 가장 잘못 전해지기 쉬운 영역 – 학습　/124
- 세상 앞에서 당당하고 자신감 있는 아이로 키우고 싶다면 – 아이의 감정　/132
- 아이의 학교 문제 앞에 긴장하지 않을 엄마는 없다 – 아이의 학교생활　/149
- 아이의 거짓말을 현명하게 다루는 엄마의 사랑 표현 – 아이의 거짓말　/161

Chapter・04

생활에서 피할 수 없는
아이와의 힘겨루기

부모와 아이가 함께 행복해지는 관계 맺기

- 아직도 엄마를 찾는 아이,
  공부는 안 하고 놀기만 하는 아이 – 아이와의 놀이　/170
- 아이의 사소한 행동이 엄마의 걱정을 일으키는 이유 – 아이의 버릇없음　/176
- 크면 낫겠지 하는 안일한 태도는 버려라 – 형제 싸움　/189
- 통제력 없는 아이로 키우고 있지는 않은가? – 게임 문제　/200
- 집안의 규칙에서 시작되어 사회의 규칙으로 – 집안의 규칙　/207
- 아이의 자립심을 세우고 싶다면 – 자기관리와 습관　/213
- 아이에게 '믿음'의 가치를 생활에서 알려줄 기회 – 약속 지키기　/219

Chapter・05

부족함 없는 사랑이 준 열매들

자존감, 자율성, 안정감, 관계성, 그리고 삶에 대한 긍정적인 열정!

- 부부에게도 행복의 열매가 열린다　/226
- 충분한 사랑으로, 어느 한 부분 모자람 없이 성장하는 아이　/230

나가는 말・아이에게 필요한 사랑의 모습　/236

부모,
사랑이란 이름의
횡포를 부리고 있지는
않은가?

Chapter · 01

부모와 아이의 사랑,
너무도 당연해서
자세히 들여다보지 않았던 감정

/ Chapter • 01 /

'부모의 사랑'이라는 신화에 착각해서는 안 되는 것들

다섯 살짜리 꼬마가 있었습니다. 꼬마의 엄마는 맨날 꼬마에게 엄마 말만 들으면 된다고 말했지요. 꼬마는 그럴 때마다 속으로 이렇게 대답했습니다. '그럼 내 마음은 어떡해요?' 꼬마는 그런 속마음 때문에 고민했지요.

그러던 어느 날 꼬마는 사랑을 찾아 여행을 가게 되었습니다. 웬 여행이냐고요? 사정은 이렇습니다. 꼬마의 엄마가 "다 널 위해서 하는 말이다. 얘야. 뭐든 혼자 할 수 있어야 한단다."라고 말하며 이제 잠을 혼자 자라고 했답니다. 혹시라도 엄마가 없을 때를 대비해서 말이지요. 꼬마는 엄마 말대로 혼자 자기 방에서 잤지만 너무 외로웠습니다. 밤마다 무서운 꿈도 꾸었지요. 꼬마는 엄마의 말대로 전부 날 위한 것인지 궁금했습니다. 다른 집도 구경하고 싶었지요. 그래서 하나님께 기도했습니다. 다른 집의 풍경을 보고 싶다고. 꿈에서라도 말이지요. 꼬마의 소원이 이루어져서 꿈속 여행을 하게 된 것이지요.

어떤 집에서 웃음소리와 시끄러운 소리가 동시에 나네요. 꼬마가 창문으로 들여다보니 그 집 아빠가 깔깔거리고 웃고 있습니다. 그런데 아이는 싫다고 소리를 지르네요. 아빠가 "우리 아들, 예뻐 죽겠어!"라면서 마구 장난을 하고 있는데, 아이는 아빠의 장난이 전혀 즐겁지 않나 봅니다. 오히려 싫다고 밀어내네요.

또 한 집에선 엄마의 야단치는 소리가 들려요. 엄마가 누나에게 오늘 숙제를 왜 안 했냐고 매를 들었네요. 누나는 "잘못했어요."라며 울어요. 엄마가 "너 자꾸 이런 식으로 하면 바보가 된다. 벌써부터 공부하기 싫어하면 나중에 뭐가 될래!"라고 소리쳐요.

방 한가운데서 책을 들고 외롭게 앉아 있는 형이 있네요. 형은 바깥에 나가 놀고 싶은데, 나중에 성공하려면 책을 많이 읽어야 한다고 엄마가 말했대요. 형의 엄마는 잠깐씩 방문을 열어서 형이 책을 잘 읽고 있는지 확인해요. 형의 엄마가 이번 생일에도 책 선물을 해준다면서 "엄마처럼 책 잘 사주는 사람 없지?"라고 의기양양해하는데 형 표정은 영~~~~.

아주 맛있는 냄새가 나는 집에 갔어요. 부엌에서 열심히 요리하는 엄마가 보여요. 식탁 위에는 맛있는 음식이 한 상 차려졌지요. 그런데 웬일인지 식구들은 음식을 보고 좋아하질 않아요. 조금 전에 뭘 먹었는데, 또 먹냐면서. 엄마의 표정이 시무룩해지네요.

꼬마 집과 똑같은 집을 발견했어요. 누나가 엄마에게 안기려 하는데, 엄마가 밀쳐내요. "7살이나 되어서 동생처럼 그러면 돼?", "힘난한 세상을 헤쳐 나가려면 사람은 강해야 돼." 꼬마는 이 말을 잘 알아들을 수는 없었지만, 어른처럼 의젓하게 행동하라는 말이 아닐까 싶었어요.

꿈에서 깨어난 꼬마는 너무 슬펐어요. 사랑이라는 것은 '부모가 주는 대로 받아야 하는 것'이라는 것을 알았기 때문이에요.

 부부관계나 연인 혹은 다른 사람과의 관계에서 사랑은 당연히 상대방을 고려한 상태에서 이해됩니다. 선전 문구처럼 '상대방이 싫어하는 것을 안 하는 것'이 사랑임에 다들 동의합니다. 상대방의 맘을 헤아려야 하는 것이 사랑의 기본이라는 것이지요.
 그런데 희한하게도 부모와 아이 사이에서는 이 관계의 기본을 인정하지 않은 경우가 꽤 있습니다. 아이보다 세상에 대해 더 많이 아는 어른이라는 이유로, 사랑이라고 말하며 행하는 부모의 모든 행위가 정당하게 여겨집니다. 다시 말하면, 부모는 당연히 자식을 사랑하기 때문에, 부모의 모든 행동은 사랑에서 비롯된다고 말하는 것입니다.

많은 부모들이 아이들은 어려서 잘 모르고 이해하지 못하기 때문에 어른인 부모가 주는 걸 '감사함으로' 받아야 한다고 생각합니다. 그런데 부모가 정말 좋은 의도로 행했다 해도 사랑이라는 이름만으로 모든 행동을 합리화할 수 있을까요? 이런 생각의 밑바탕에는 사랑의 가장 기본인 상대방(즉, 아이)이 빠져 있습니다. 더불어 어른들은 '합리적이고 아이에게 도움이 되는 선택만 한다'는 생각이 깔려 있습니다. 과연 그럴까요? 부모의 그 합리적인 생각은 아이에게 정말 '도움이 되는 것'일까요?

우리 사회에서는 다른 사람에 대한 배려를 강조합니다. 그런데 관계의 가장 근본이 되는 부모와 아이 사이에는 이게 부족해 보입니다. 정확히는 부모가 아이를 배려하는 것이 덜해 보입니다. 그 대신 아이를 '(부모가 원하는 대로) 잘 키운다'는 것만 있는 듯합니다.

앞서 살펴본 꼬마의 여정은 <u>사랑이라는 이름으로 부모들이 행하는 실수</u>를 보여주고 있습니다. 아이를 위한 사랑, 적절한 행동을 우리 부모들이 어떻게 막고 있는지를 알려주지요.

부모는 아이를 정말로 사랑할 것입니다. 이 믿음으로, 부모가 아이에게 정말 많은 사랑을 주고 있다고 착각하기도 합니다. 부모는 물론 사랑을 많이 주고 있을 것입니다. 하지만 이 사랑이 정말 아이가 원하는 사랑인지, 아이를 성장시키는 사랑인지는 고민해봐야 할 부분입니다. 혹 지금 아이에게 사랑을 아낌없이 주고 있다고 생각하고 있나요. 설령 마음은 그렇더라도 실제 부모들의 행동과 태도를 보면 마음과 다른 경우가 꽤 많습니다.

우리나라 부모들은 생각보다 부모의 잣대로 아이를 엄격하게 혹은 과잉보호함으로써 사랑을 표현합니다. 안타깝게도 이 모두가 '아이를 잘 키우려는' 마음에서 나온 행동입니다. 아이가 원하는 대로 사랑해주면 '아이 버릇이 나빠지거나 나약하게 자랄 수 있다고' 우려하기 때문이지요.

그러나 사랑은 주는 사람의 입장에서만 생각하는 건 절대 아닐 것입니다. 사랑은 관계 속에서 이해되어야 합니다. 사랑을 받는 사람을 충분히 고려해야만 된다는 것입니다. 부모 입장에서만 주는 사랑은 아이에게 사랑의 빈자리를 만들어버리며 이 빈자리는 성장 과정 내내 결핍으로 작용합니다. 재미있는 현상은 사랑이 관계 속에서 이해되어야 한다는 것을 부부관계나 연인관계에서는 너무 잘 이해하는데, 유독 아이와의 관계에서는 그렇지 않다는 겁니다. 상대방과의 관계에서 사랑을 이해해야 하는데도, 아이를 별로 염두에 두지 않는 부모를 너무나 많이 봅니다.

어떻게 아이가 원하는 사랑을 다 해줄 수 있냐고 반문하시는 부모들도 있습니다. 아이가 원하는 대로 다 해주면 문제가 생길 거라구요? 글쎄요. 이런 부모들의 생각은 우리가 어쩌면 생각보다 꽤 많은 고정관념에 싸여 아이를 키우고 있음을 일깨워주기도 합니다.

부모가 오해하는 '사랑의 기술'

가족치료에는 신화(myth) 라는 용어가 있습니다. 신화는 우리가 '진실이 아니지만 그렇다'라고 믿어온 것들입니다. 가족이라는 테두리에는 많은 신화들이 있습니다. 앞에서 언급한 것도 신화이지요. '부모는 자녀를 사랑한다.', '부모는 아이에게 항상 헌신적이며 대가를 바라지 않는다.', '피는 물보다 진하다.', '다섯 손가락을 깨물어서 안 아픈 손가락이 없다.', '영재는 부모가 만들 수 있다.'는 등의 많은 신화들이 있지요. 우리는 신화를 믿고 살지만, 종종 신화와 현실이 다름을 깨닫고 실망할 때도 있습니다. 때론 분노하기도 하지요. 하지만 그것을 표현하지는 않습니다. 왜냐구요? 내가 믿는 신화들이 틀렸다고 한다면, 내가 신화를 믿고 해왔던 모든 것이 다 무너질 것 같은 느낌이 들기 때문입니다.

정말 부모는 아이에게 헌신적이기만 하고 대가를 바라지 않나요? 많은 부모들이 헌신적이지만 아이에게 은연중에 대가를 바라고, 그 대가가 없을 때는 서운해합니다. 때론 가족보다 남이 더 나을 때도 있고, 깨물었을 때 안 아픈 손가락도 있더라는 것입니다.

이런 신화를 기반으로 부모는 자녀들을 마음껏 사랑한다고 생각합니다. 부모라는 이름으로, 아이를 잘 키운다는 명목하에 아이에게 함부로 대하고, 내가 하고 싶은 대로 대하기도 합니다. 만일 아이가 아니라 다른 사람들을 이렇게 대하면 '잘못한다'고 하겠지만 아이를 대할 때는 '좋은 의도'가 되어 모든 것이 용서되기도 하지요. 그래서 우리는 이런 부모님을 '엄하셨다.', '사랑 표현을 잘 안 하셨다. 마음에만 담아

두셨다.' 식으로 표현합니다. 당연히 부모는 우리를 사랑하고, 그런 이유로 행동했다고만 해도 대부분의 사람들은 이해합니다. 부모니까요.

이러한 좋은 의도가 자녀에게는 어떤 식으로 다가갈지, 어쩌면 독이 되지는 않을지를 생각해봐야 할 것 같습니다. 아이가 원하는 사랑을 주라고 하면, 어떤 부모들은 '너무 아이 관점에서만 본다'고 이야기합니다. 사랑의 관점을 부모에서 아이로 옮겨가는 것에 대해 부모는 때론 기분이 나쁘거나 불합리하다는 느낌도 받습니다. 아이가 원하는 대로만 사랑해주면 아이는 올바로 크지 않고 제멋대로 될지 모르니까요. 그렇다면 정말 부모가 걱정하는 것처럼 '아이가 원하는 대로 사랑을 준다면' 정말 아이의 버릇이 나빠지고 올바로 자라지 않게 될까요?

아이들은 사탕을 좋아합니다. 엄마는 아이의 건강을 위해 사탕을 주지 않고 엄격하게 규제합니다. 물론 사랑하는 마음에서지요. 어쩌면 아이는 사탕의 달콤한 맛도 좋지만, '사탕을 엄마에게 받을 때의 기분'이 좋아 엄마를 조르는 것일 수 있습니다. 아니면 '사탕의 달콤함을 맛보며 엄마와 눈이 마주치는 순간'에 뭔가 통하는 맘을 느끼는 것 같아 좋을 수도 있고요.

이 아이가 원하는 만큼 사탕을 준다면 과연 무슨 일이 벌어질까요? 엄마의 우려대로 아이는 사탕만 집착해서 건강을 해칠 만큼 상황이 나빠질까요? 아닙니다. 처음에는 그런 것처럼 보이지만 어느 순간 아이는 사탕이라는 것을 통해 엄마에게 사랑을 충분히 받는다고 믿으며 사탕(물질)에서 관계(상호작용)의 욕구를 채워 서서히 성장해갑니다. 그러면서 스스로 사탕의 개수를 조절하지요. 아이는 사탕을 통해 엄마의 사랑도 느끼지만 이것을 스스로 조절하는 판단력도 키워갈 수 있습니다. 아이의 조절 능력은 아이가 원하는 사랑을 주면서 자연스럽게 얻게 된 사랑의 열매라 할 수 있지요.

물론 사탕을 주는 것만이 부모가 제대로 된 사랑을 하는 것은 아닐 것입니다. 아이의 다른 욕구들에 민감하지 않으면 부모는 사탕으로 아이를 방치하는 것이 되기도 합니다. 그러니 이러한 예를 왜곡해서 이해하지 않기를 바랍니다. 아이들은 성장해가는 존재입니다. 처음에 유치한 요구들을 하지만, 이 요구들이 받아들여지면 점점 성장 발달에 필요한 또 다른 욕구들을 드러내며 성장해나갑니다.

부모는 아이가 자율적이길 원하고, 잘 성장해서 성숙한 어른의 몫을 하길 바라고, 행복한 사람이 되길 바랍니다. 그러나 바람과 방법이 따로 놀아서는 안 됩니다. 방법과 바람을 일치하려면 부모가 아이에게 주고 싶은 사랑에서 아이에게 도움이 되는 사랑인지를 한 번 생각해봐야 합니다.

양육을 담당한 부모의 마음대로 사랑을 주어서는 안 됩니다. 아이가 자기 결정권을 가지고 행복한 삶을 살도록 키우려면 말입니다. 만약 부모에게 사랑의 결정권이 있다면 부모는 아이를 키우면서 행복할지 모르지만 아이는 불행하게 됩니다. 사랑의 결정권이 누구에게 있어야 할까요. 사실 양육의 매 순간 이것은 부모에게 어려운 선택이 될 것입니다.

부모의 사랑이 한없이 크고 희생적이고, 무조건적이라는 신화 아래 살아가는 사람들은 착각을 하기 쉽습니다. 실제 자신의 사랑이 크고 희생적이지 않은데 부모라는 이유만으로 그렇다고 믿기 쉬운 것이지요. 그렇기 때문에 사랑의 상대방인 아이에게 눈길이 가기보다는 다른 사람들에게 눈길이 갑니다. 다른 사람은 아이를 어떻게 키웠는지를 참조하고, 비교하고 싶어 합니다. 그럴 경우 양육의 기준도 부모 주변에 있는 엄마 아빠들의 행동이 되지요.

/ Chapter • 01 /

부모 마음에 자리한 사랑의 기준은 뭘까?

우리는 자녀 양육에서 가장 필요한 것이 '사랑'임을 의심치 않습니다. 체벌의 이유도 올바른 아이가 되라는 사랑의 마음이고, 공부를 시키는 이유도 '나 좋아서가 아니라 네가 앞으로 더 나은 삶을 사는 데 필요하니까'라는 마음에서 비롯됩니다. 취미활동도 풍족한 삶이 되라고 시키고, 심지어 놀거나 쉬는 시간을 정하는 것까지도 '사랑하기 때문에'라는 논리로 합니다.

아이 혼자 힘으로 하게끔 다그치는 부모는 이렇게 생각합니다. 당장은 매정할지 몰라도 다 아이가 홀로 서게 하기 위한 고육책이라고요. 어린 자녀가 혼자 하는 것이 안쓰러워 도와주는 부모 역시 자녀를 생각하는 마음으로 행동합니다. 다시 말해 부모들은 나름의 논리로 같은 상황에서 다른 행동을 취하게 됩니다. 어떤 부모는 아이가 자꾸 울 때 받아주면 습관이 된다고 엄하게 대하고, 어떤 부모는 울음을 그치게 하는 것이 최선이라고 생각해서 달래는 것이지요.

우리는 이렇게 사랑이라는 이름으로 서로 다른 극단적인 태도를 취할 때가 많습니다. 그렇다면 정말 사랑하고 있기 때문일까요? 대체로 많은 부모들이 사랑하기 때문에 그렇게 한다는 데는 이견이 없을 것입니다. 그렇다면 양육의 가치나 지향점이 서로 다른 것은 어쩔 수 없다 해도, 과연 이러한 것들이 아이에게 어떻게 전달되는지는 생각해볼 필요가 있지 않을까요?

이 질문은 아이들이 어느 정도 성장할 때까지 자주 점검해야 합니다. <u>스스로 잘하고 있다고 생각하는 부모들이 한 번 짚고 넘어가야 할 부분이며, 자녀 양육의 기준에 대해 고민하는 부모들이 반드시 알아야 할 부분입니다.</u> 주위를 살펴보면, 아이를 독립적으로 키운다고 생각하는 부모 중에서 아이를 방치하는 경우가 꽤 많습니다. 또한 스스로 자상하고 사랑이 많다고 생각하는 부모 중에도 사랑이라는 이름으로 지나치게 간섭과 제지를 하는 경우도 많고요. 이렇게 부모의 생각과 실제 행동이 달라지는 이유는 무엇일까요?

많은 부모들이 나름의 기준에 따라 아이를 키웁니다. 이와 관련된 정보는 다양한 곳에서 얻을 수 있지요. 책, TV, 인터넷 카페, 이웃집 아줌마나 친정 부모, 시댁 부모, 신문에 난 육아 성공사례 등. 다양한 곳에서 정보를 얻고, 아이에게 적용시킵니다. 문제는 이러한 정보가 주변의 흐름에 쉽게 영향을 받아서 육아의 방향을 지속시키기가 매우 힘들다는 데 있습니다. 간혹 시행착오라도 겪으면 바로 다른 방법을 쓰곤 해서, 이랬다저랬다 하다가 아이가 훌쩍 커버리기도 합니다.

이제 많은 부모들이 자녀를 키울 때 어떤 정보와 기준에 의존하는지 살펴보려 합니다. 그래야만 이러한 것들이 아이에게 어떤 영향을 주는지, 어떤 결과를 가져오는지 등을 알 수 있고, 좀 더 바람직한 육아방향으로 나갈 수 있기 때문입니다.

당연히 믿고 보는 육아서의 함정

많은 엄마들이 육아 책을 읽습니다. 육아 책은 상당히 좋은 영향을 줄 수 있으며, 긍정적인 가치관을 주기도 합니다. 그런데 때론 육아 책을 잘못 이해하거나 잘못 적용해서, 육아의 방향을 잃고 엉뚱한 방향으로 가는 일이 생깁니다.

가장 문제가 되는 것은 많은 부모들이 육아 책에서 방법만 찾으려 하는 것입니다. 책이 의도한 육아지침을 찾지 못하고 표피적인 방법만 습득하다 보니, 육아의 수준이 오르지 못합니다. 즉, 책 내용을 차근히 읽기보다 '이런 것은 우리 아이에게 해당이 안 된다'며 흘려 넘기다, 본인이 원하는 상황에 대한 방법들이 나오면 매우 기뻐합니다. 아이가 말을 안 들으면 말을 잘 듣게 하는 방법이 있는 책을 찾는 식이지요. 물론 도움이 되는 경우도 있지만, 우리 아이의 상태와 맞는지는 상관없이 '말을 안 듣는다'는 상황에만 초점을 맞춰 개선하려 드는 것이 문제입니다.

실제로 책에 나온 방법을 아무런 생각 없이 무조건 아이에게 적용하는 부모들이 많습니다. 예의 바른 아이를 키우는 책을 읽으면 아이의 버릇없는 행동에 대해서 가차 없이 지적하고, 경제개념이 있는 자녀를 키우는 책을 읽으면 대뜸 아이에게 절약과 돈 씀씀이에 대한 것을 가르치려 합니다. 주도적인 학습태도를 만드는 책을 잘못 이해하면, 아이에게 주도적인 학습을 하게끔 만들려고 '부모가 학습을 주도하는' 일도 생깁니다.

이렇게 책에서 말하고자 하는 바를 큰 맥락으로 이해하기보다 방법적으로만 받아들이면 아이의 연령, 정서 상태 등을 고려하지 않게 됩니다. 예를 들어 어떤 아이가 마음에 빈자리가 있어서 뭔가를 자꾸 사달라고 조르는 것으로 자신의 마음을 표현하고 있다고 해봅시다. 책에서 방법만 찾는 부모는 아이의 상태를 나쁜 행동으로 규정지어 무조건 낭비하는 아이로 대하기 십상입니다.

한 부부는 '부모가 아이들에게 모범을 보여야 한다'는 책 내용에 무척 감명을 받았습니다. 어릴 때부터 부모가 모범을 보이면 아이에게 긍정적인 영향을 끼친다는 내용에, 부부가 먼저 모범을 보이기로 했습니다. 그리고 '공부하는 아이'로 만들기 위해 부부가 열심히 책을 읽기로 했습니다. 두 사람은 아이가 보는 앞에서 책을 읽으려고 노력했고 아이에게도 자주 책을 읽어주려고 했습니다. 그런데 이 집의 아이는 4세였지요. 아이는 책을 보는 엄마 아빠 곁에 와서 놀아 달라고 칭얼대는 일이 많아졌습니다. 그래도 꾸준하게 책 읽는 모습을 보였습니다. 시간이 흘러가면서 아이는 오히려 책 읽기를 싫어하기 시작했습니다. 뿐만 아니라 책을 읽는 엄마 아빠만 보면 징징거리고 책을 잡기만 해도 뺏어버렸지요. 결국 이 부부는 '모범을 보이는 엄마 아빠의 모습을 거부하는' 아이를 야단치게 되었습니다. 그리고 점점 다른 일로도 실랑이 하는 횟수가 잦아졌습니다. 이 사례가 특별한 것일까요? 그렇지 않습니다. 극단적인 것처럼 보이는 이러한 일들이 실제로 자주 일어납니다.

한편 너무 많은 육아서를 읽게 되면 각 책의 내용이 부모의 머리를 복잡하게 만들기도 합니다. 이 책에서 말하는 방법론과 저 책에서 말하는 방법론이 달라 혼란스럽지요. 그래서 부모는 오히려 '내 방식대로 해야 돼!'라는 생각을 굳히게 되기도 합니다. 실제로 책을 많이 읽는 부모들 중에는 '이론 따로 실제 따로' 식으로 책을 조소하는 경우가 있습니다. 그러다 보니 자신의 육아 방식에 대한 고찰이 더욱 힘들어지지요.

책은 아무래도 모든 것을 다 담을 수 없다는 것을 기억해야 합니다. 그렇기 때문에 책에서 어떤 이야기를 하려 하는지 흐름을 파악하는 것이 더 중요합니다. 무조건 책에 나온 방법들을 적용하기보다 우리 아이의 상황과 어떤 것이 유사한지 파악해야 합니다. 앞 사례의 경우는 부모가 모범을 보이는 모습이 잘못된 것이 아니라 아이가 지금 무엇을 원하는지 전혀 파악하지 않은 상황에서 방법을 적용하는 것이 문제였습니다. 부모가 책을 읽는 모습은 중요합니다. 하지만 아이가 원하는 건 자신과 생동감 있게 놀아주는 부모이지요. 4세 아이라면 이런 반응이 나올 만합니다. 아이 눈에는 책이 '우리 엄마 아빠를 뺏어가는 나쁜 것'으로 보일지도 모르지요. 아이의 욕구에 충분히 반응하지

<u>않고서 모범만 보이는 것은 오히려 아이들에게 부정적인 감정을 줄 수 있습니다.</u>

엄친아(엄마 친구 아들)처럼 키우고픈 부모 마음/

우리는 엄친아라는 말을 많이 씁니다. 엄마친구 아들의 줄임말이지만, 모든 상황에서 모범이 되는 아이를 뜻하는 말이지요. 실제로 우리는 주변 사람의 자녀를 아이 키우기의 모델로 삼는 경우가 많습니다. 비교대상으로 보고, 우리 아이도 저랬으면 하는 생각에 닦달하는 일이 많아지면서 어느새 육아의 기준선으로 삼고 있는 것이지요.

아주 어릴 때는 옆집 아이가 며칠 먼저 걷기만 해도 부모는 불안합니다. 젖을 빨리 떼거나 기저귀를 빨리 떼면 괜히 우리 아이가 늦은 것 같아서 초조합니다. 옆집 아이가 숫자나 글자를 읽으면 갑자기 영재인 것처럼 느껴지고, 그래서 우리 아이도 똑같이 시키기 시작합니다. 옆집 아이가 뭔가 잘한다는 소리를 들으면 집에 와서 아이에게 괜히 한 번 테스트해보거나 닦달합니다.

아이가 학교에 가면 이제 부모는 '어떤 문제집을 쓰고 어떤 학원에 다니는지' 등에 흔들립니다. 학부모 모임에 나가서 이러한 정보들을 주고받을 때면 스트레스를 받고, 집에 돌아와 아이를 다그치게 되지요. 아빠들은 직장 동료의 영향을 받기도 합니다. 동료의 자녀들 성적이 어떤지, 무엇을 하는지 등이 아빠의 훈장이 되기도 하기 때문이지요. 혹시라도 우리 아이가 처진다는 생각이 들면 집에 와서 아내에게 불평하지요. 왜 아이를 그냥 두었냐고 말하면서요.

이렇게 주변에 뛰어난 아이를 비교대상으로 두면 알게 모르게 자신의 아이를 열등한 아이로 만들어 버립니다. 열등하지도 않은데도 말입니다. 주변에서 만나는 아이가 부모의 기준선이 되어버렸기 때문에, <u>기준선에 미달해 보이는 우리 아이는 매번 부족한 아이가 되는 것이지요.</u> 당연히 아이는 야단맞을 일이 많아지고 걱정과 미움, 불안의 대상이 됩니다. 많은 부모들이 주변의 아이를 양육의 기준선, 모델로 삼고 있습니다. 이런 경우 결국 육아의 가치관이나 아이의 행복은 사라져버리고 '기준에 못 미치는 내 아이'만 남게 됩니다.

이웃집 아줌마의 조언은 왜 강력한 파워가 될까?

아이를 먼저 키운 지인들의 영향력은 상당합니다. 육아에 지친 엄마에게 위로와 공감의 말도 아끼지 않고, 아이를 어떻게 키워야 할지 조언도 많이 해줍니다. <u>문제는 이것이 조언으로 끝나는 게 아니라 육아의 기준선으로 받아들여진다는 것입니다.</u>

민주 엄마가 바로 그런 사례입니다. 민주는 학원에 보내달라고 자주 졸랐습니다. 그러나 막상 학원에 다니면 얼마 되지 않아 그만두고 싶어 했고, 이런 일이 몇 차례 반복되었습니다. 최근 민주가 또다시 현재 학원을 그만두고 다른 학원에 가고 싶다고 해서, 민주 엄마는 고민이 되었습니다. 그래서 이 문제를 이웃집 아줌마와 의논했더니, "자기가 원해서 학원에 간 것이니 끝까지 다니게 해라."는 대답이 돌아왔지요. 아이가 떼쓰는 건 때려서라도 잡아야 엄마 무서운 줄 안다는 조언도 함께요. 이 이웃이 해준 조언의 공통점을 보면, 육아 기준이 '엄하게 키워라, 매를 들어서라도 고쳐라, 부모가 절대 지면 안 된다.'임을 알 수 있었습니다.

결과적으로 이 아줌마의 조언은 민주 엄마에게 부정적인 결과를 가져왔습니다. 민주 엄마는 이웃집 아줌마 말대로 아이가 계속해서 떼를 쓰면 야단을 심하게 쳤고, 때론 매도 들었습니다. 하지만 매를 들수록 효과는 며칠 가지 못해서, 매의 강도가 더 세지곤 했습니다. 민주는 짜증 부리는 일이 많아졌고, 점점 기가 죽은 모습을 보였습니다. 이웃집 아줌마에게는 효과적인 방법이었을지 모르지만, 민주네 집에서는 오히려 역효과를 가져온 셈입니다.

주변 사람들의 말에 유난히 귀가 얇은 부모들이 있습니다. 누가 뭐라고 말하면 혹해서 뭔가를 결정할 때 주변의 의견에 지나치게 비중을 둡니다. 이런 사람은 자신감이 없는 경우가 많습니다. 자신의 결정이 불안해서 여기저기서 의견을 들으려는 것입니다. 물론 아예 귀를 닫는 사람들보다는 나을지 모르겠습니다. 하지만 내 아이를 똑바로 보지 않고 다른 사람의 의견이 더 중시하게 됩니다. 그 결과 민주 엄마처럼 매우 중요한 부분을 놓칠 수가 있습니다. 민주 엄마는 나와 아이 사이가 매를 들 만큼 돈독한 관계인지, 왜 아이가 학원에 보내달라고 해놓고 제대로 다니지 않는지 등을 고민하지 않고 방법을 결정해버렸습니다. 어쩌면 아이는 남들이 하는데 자기만 하지 않으면 '뭔가 덜 하는 느낌'이 들어서 학원에 보내달라고 하는 것일 수 있습니다. 혹은 마음속 허전함을 학원 수로 채우려는 것일 수도 있습니다.

그러므로 부모는 자신의 모습(자신감 없는 이유, 불안 등에 대해)을 먼저 파악해야 합니다. 그 다음에는 다른 사람의 의견이 나에게 필요한 것인지, 단순히 그 사람의 경험일 뿐인지를 파악해야 합니다. 무엇보다 내 아이가 왜 그런지를 찾고 그 방법이 정말 아이에게 도움이 되는지 등을 꼭 다시 생각해야 합니다.

조부모의 입김으로 아이를 키운다면

양육에 가장 많은 영향을 주는 곳은 아마 친정(본가)이나 시댁(처가)일 것입니다. 많은 조부모들이 자녀가 아이를 키울 때 간섭하거나 조언합니다. 개중에는 삶의 지혜가 묻어 나오는 것도 있지만, 요즈음 흐름과 전혀 다른 조언도 있습니다. 그러다 보니 신참인 부모들은 어느 장단에 춤을 춰야 할지 몰라 혼란을 겪지요.

예를 들어 아이가 태어나면 많은 어른들이 "손 타면 안 된다, 안아주지 마라, 안아주면 버릇 되서 부모가 힘들다."라고 말합니다. 아이가 울 때 안아주면 울음을 그치지요. 그러면 "병원에서 손 타서 그렇다."라고 합니다. 버릇이 나빠졌다는 것이지요. 젖을 먹이거나 기저귀를 떼는 경우 등 구체적인 육아 상황에도 관여합니다. '내가 아이를 잘 키우는 경험이 많은 사람'이라는 전제하에 때론 부모의 자리까지도 침범합니다. 결국 <u>(외)조부모가 양육의 주체가 되고 부모들은 보조 위치에 머무르게 되므로, 양육의 기준선은 (외)조부모의 말이 되어버립니다.</u>

(외)조부모의 조언이나 지침이 우리 아이에게 잘 맞으면 상관이 없는데, 대부분은 아이의 현 상태와 상관없이 내려질 때가 많습니다. 그러다 아이가 원하는 방향으로 자라주지 않으면, 이에 대한 책임은 또 부모가 지게 됩니다. "너는 왜 애 하나 간수를 못하니?"라는 핀잔과 함께 말입니다.

양육의 기준선이 친정(본가)이나 시댁(처가)에 있는 것은 부모가 정서적으로 독립하지 못했다는 증거입니다. 때론 (외)조부모가 독립을 시키지 않기도 하지요. 부모가 독립된 어른으로 나서지 못하면 아이를 양육하는 과정에도 큰 영향을 받습니다. 누구의 아들, 딸로 남아 있다는 것은 스스로가 아직 자녀의 자리에 머물러 있다는 의미입니다. 따라서 부모로 자리매김을 하기가 쉽지 않아 정작 아이의 정서적인 부분을 제대로 못 파악할 때가 많아지게 됩니다. 게다가 자신이 자녀로서 해결되지 못한 감정들이 고스란히 자식들에게 투영되기도 합니다. 때론 화풀이 대상이 되기도 하고 자신이 이루지 못한 꿈의 대상이 되기도 하지요. 그렇게 되면 아이가 독립된 존재로 인식되는 것이 아니라 '누구의 아들(딸) 혹은 손자(손녀)'로 인식이 되어서 아이의 인격 성장에 부정적인 영향을 줍니다.
 혹시 양육의 기준선이 나의 부모님에게 있지는 않습니까? 따르기 싫지만 시끄러워지는 것이 싫어서 따르거나 아니면 몰라서 수용하는 식으로 말입니다.

/ Chapter • 01 /

그대, 부모에게
잘못된 사랑을 배웠다면

　많은 부모들이 자신이 자라온 환경을 거울삼아 자녀 양육의 잣대로 삼습니다. 자신의 경험 중 좋지 않은 경험은 아이에게 주지 않으려 노력하는 것이지요. 이러한 노력은 분명 필요합니다. 그렇게 해야만 되풀이 되는 악순환을 막을 수 있으니까요. 하지만 이러한 노력들이 즉, 자신의 경험이 부정적이니까 긍정적인 측면으로 방향을 틀려는 것이 무조건 좋은 것만은 아닙니다. 왜 그럴까요?

　자녀로 살던 시기에 쌓인 불만들은 '난 절대 우리 부모처럼 아이들을 대하지 않을 거야.', '난 우리 부모처럼 무관심한 부모는 안 될 거야.', '우리 부모처럼 간섭을 많이 하지 않을 거야.' 등의 생각들로 남습니다. 이런 생각들이 양육의 기준선이 됩니다. 즉, <u>'내가 자란 모습</u>

(환경)에 대한 반대편'이 기준선이 된다는 것입니다.

어떤 사람이 무척이나 무관심한 부모 아래서 자랐습니다. 부모는 자녀가 공부를 제대로 하는지, 무슨 고민을 하는지 관심이 없었고, 자녀는 그런 부모가 너무나 야속했습니다. 한번은 성적이 떨어졌을 때 부모의 반응이 궁금해서 시험을 대충 쳤습니다. 그래도 부모는 별다른 반응이 없었습니다. 이 상황이 너무 충격적이었던 이 사람은 이후 공부를 제대로 할 수 없었고, 결국 원하는 대학에 가지 못했습니다.

이제 결혼을 해서 자식을 낳고 나니, 이러한 불만들이 새록새록 기억났습니다. 그래서 우리 아이만큼은 그렇게 키우지 않겠다는 마음에 아이가 어릴 때부터 관심을 많이 보였습니다. 아이 얼굴이 조금이라도 찡그려 있으면 속상한 일이 있나 해서 풀어주려고 했고, 아이의 고민을 궁금해 했습니다. 공부에 대해서는 더 관심을 보이려 했습니다. 학원 등록이며 성적이며 일일이 체크했습니다. 자신의 부모 같은 사람이 되지 않기 위해서 말입니다. 그런데 아이는 고마워하기는커녕 너무나 힘들어하는 것이었습니다. 아이에게 뭘 물어보려 하면 "그냥 별일 아니니까 넘어가줘."라고 대답합니다. 하지만 이걸 그냥 넘어가면 뭔가를 놓칠까 봐 꼬치꼬치 캐묻게 되고, 그 결과 아이는 입을 다물고 맙니다. 그러던 어느 날, 아이는 공부가 너무 부담스럽다고 선언했습니다. 이 사람은 너무나 당황스러웠습니다. 분명 난 내 부모처럼 살지 않으려고 무진장 애를 썼는데, 아이는 또 다른 방식으로 부모를 거부하고 있었으니까요.

또 한 사람은 간섭이 지나친 부모 밑에서 성장했습니다. 자상하게 챙겨주는 것은 좋지만, 이것이 지나쳐서 간섭 받는 느낌으로 이어질 때가 많았습니다. 때론 원치 않은 챙김이라 거부하면 부모가 너무 섭섭해서 많이 힘들었습니다. 날 그만 놔뒀으면 하는 느낌이 강했지요. 그래서 이 사람은 '최대의 사랑은 최소의 간섭'이란 생각으로 아이를 키웠습니다. 어릴 때도 혼자 놀게 하고, 간섭을 덜 하려고 했지요. 그러던 어느 날 아이가 엄마, 아빠가 학교에 찾아왔으면 좋겠다고 말했습니다. 하지만 경험상 부모가 학교에 오는 게 너무 싫었던 부모는 그걸 단호히 거절했지요. 아이는 마음속에 외로움이 자랐고, 사람을 너무 그리워하다 보니 친구들 집으로 전전하기 시작했습니다. 부모는 그런 아이를 보고 뭔가 잘못된 것 같다는 생각이 들었지만 뭘 어떻게 해야 할지 갈피를 잡을 수 없었습니다.

또 한 사람 이야기를 하고자 합니다. 그의 아버지는 술을 좋아하고 한량처럼 놀기를 좋아해서 집안 살림을 돌보지 않았답니다. 그래서 어릴 때 무척이나 가난했지요. 가난이라는 서러움이 뼛속 깊이 스며 있던 이 사람은 '절대 우리 아버지처럼 살지 않겠다!'라고 결심했습니다. 누가 봐도 성실하게 일하여 경제적으로 여유 있는 삶을 살게 되었습니다. 이것이 뭐가 문제냐고요? 그는 여유 있는 삶을 살기 위해서 일하느라 가족과의 관계에 소홀했고, 여유를 즐긴다는 것이 왠지 게으른 느낌이 들어서 또 일만 열심히 했다는군요. 시간이 흘러 아이들이 사춘기가 되어 반항하는 일이 잦아졌습니다. 부인 역시 불만을 표했지요. '가족들을 돌보지 않는 가장'을 질타하면서 말입니다. 아이들도 아빠와의 시간을 기다렸지만 '매번 바쁘다'는 소리에 바람맞기 일쑤였습니다. 부인과 아이들은 극단적으로 "돈도 필요 없다. 왜 우리에게 관심이 없냐."고도 했습니다. 이 아빠는 너무나 서운했습니다. 가족을 위해 가장으로 열심히 노력했는데, 돌아오는 것은 비난뿐이니 말입니다. 모두 불행한 감정에 휩싸여서 상담할 수밖에 없었습니다.

우리가 자라온 환경을 기준선으로 삼아서 '난 그렇게 할 거야, 혹은 절대 그렇게 하지 않을 거야.'라고 결심하면, 분명 반대편의 자리에 서 있게 됩니다. 재미있는 사실을 극과 극은 통한다는 것입니다. 분명 자신이 느낀 불만을 아이에게 주지 않으려고 노력했지만 아이는 또 다른 형태의 불만을 부모에게 갖게 됩니다. 부모 입장에서는 억울하기 그지없습니다. 나처럼 안 키우려고 노력했는데, 왜 나를 원망하고 불만을 가지냐고 말입니다. 하지만 이것은 자녀를 양육한다는 미명하에 과거에 자신이 느낀 억울함, 무관심 등을 돌보기 때문입니다. 즉 아이를 돌보는 것이 아니라 자신을 돌보는 것이지요. 그런데 부모의 어릴 때 상황과 아이의 상황은 다릅니다. 부모도 환경도 성향도 다릅니다. 그렇기 때문에 같은 마음으로 해도 원하는 결과를 얻을 수가 없지요. 자식을 위하는 행동이 아니라 자신을 위하는 행동이기 때문입니다. 아이를 위해 노력하는 부모일수록 이 대열에 합류하기 쉽습니다. 예전에 내가 느낀 나쁜 감정을 아이에게 대물림 해주고 싶지 않다면서 말입니다. 자기 경험을 기준선으로 삼으면 자녀의 생각, 관심 등에 눈을 돌리기 어렵습니다. 모든 것을 자기 경험으로 해석합니다. '내가 어렸을 때는 말이야. 그게 얼마나 하고 싶었는데, 요즈음 애들은 고마움도 모르고' 식으로 스스로 합리화합니다.

또 하나 흥미로운 점은 <u>자신의 부모와 다르게 키우고 싶어서 노력해 접근하면서도, 문제를 해결할 때나 감정을 표현할 때는 자신의 부모와 똑같은 방식으로 한다는 것입니다.</u> 분명 자신의 부모와 다르게 하고 아이를 잘 키우려고 노력하는데도 아이를 야단칠 때는 '무척이나 싫어한 자신의 부모 모습'을 그대로 드러냅니다. 이것이 바로 '부모가 어릴 적 느낀 불만스러운 상황을 만들지 않으려고 노력하지만' 결국 그 자리에 머무르게 만드는 한계입니다. 그렇기 때문에 자신의 부모와 다른 방식으로 키우려고 무조건 반대의 상황으로 노력하는 것에는 한계가 있다는 것입니다.

/ Chapter · 01 /

성공을 사랑으로
착각하지 말자

　어떤 부모는 위인들을 키운 교육방법이나 성공한 사람의 교육방법에서 자녀를 키우는 잣대를 찾습니다. 그래서 책 속에서 '아이를 어떻게 키웠더니 좋은 대학을 가고 훌륭한 사람이 되었다' 식의 양육 기준을 찾고 그것에 의지합니다. 분명 그들은 좋은 모델이고, 양육에도 도움이 될 가능성이 많습니다. 하지만 성공적인 결과만 보고 우리 아이와 상관없이 그 기준을 적용하는 것은 문제입니다.
　어떤 부모가 성공한 자녀의 교육방법을 아이에게 그대로 적용했습니다. 언제나 학습 분위기를 조성하고, 아이가 질문하면 '왜?'라는 질문으로 아이의 상상력을 키웠다는 내용을 보고 똑같이 했습니다. 책을 펴놓고, 친구가 놀러 왔을 때도 같이 숙제하게 했습니다. 아이가 뭐라고 질문하면 거꾸로 "너의 생각은 어떤데? 왜 그 생각을 했어?"라고 되물었습니다. 어떻게 보면 이는 문제될 상황이 아니고 오히려 긍정적이라고 생각할 것입니다. 그런데 이 집의 아이는 무척이나 활동적인 아이여서 충분히 놀지 않으면 책상에 앉기가 힘들었습니다. 아이는 나가 놀고 싶은데 부모가 아이를 책상에 억지로 끌어 앉힌 것이지요. 아이는 질문하면 바로바로 대답을 듣고 싶은데, 부모가 자꾸 "왜?"라고 되물어서 짜증이 늘어났습니다. 그럴 때마다 부모는 아이에게 왜 짜증 내냐고 야단치다 보니, 갈수록 관계만 나빠지게 되었습니다.

아이의 성향을 먼저 고려하지 않고 성공한 방법이라고 바로 적용하다 보니 실패하게 된 것이지요. 이와 비슷한 사례는 주변에서 얼마든지 찾아볼 수 있습니다.

성공한 예술가의 부모들은 아이의 재능을 어릴 때부터 발견하고 키워줬다고 종종 말합니다. 부모들은 '내가 아이의 재능을 발견해주지 못해서 재능을 썩힐지도 모른다'는 생각에 아이를 다양한 학원에 보내곤 합니다. 가장 중요한 것은 아이가 그걸 하고 싶어 하는지입니다. 이에 대한 고려가 전혀 없으면, 다양한 학원이나 시도도 시간낭비일 수 있습니다.

'나는 누구를 키운 부모처럼 될 거야.'란 생각이 나쁜 건 아닙니다. 하지만 자칫 잘못하면 <u>우리 아이의 능력, 흥미, 성향 등과 상관없이 부모만 따로 노는 꼴이 될 수 있습니다.</u> 과연 부모가 아이의 재능을 발견하지 못하고 썩히고 있을까요? 그 아이에게 뛰어난 점이 있다면 어떤 식으로든지 나타나기 마련입니다. 부모가 끌어내지 않아도 아이가 좋아하는 것이 다르고, 노는 것이 다르기 때문입니다.

아이가 재능을 드러내는 시기도 조금씩 차이가 있습니다. 어떤 부모는 아이가 음악을 좋아하는 것을 알았습니다. 그래서 유명한 음악가를 키운 부모들의 이야기를 마음속 깊이 새겼습니다. 어릴 때부터 많은 연습을 시켰다는 공통점을 떠올리고, 아이에게 열심히 피아노를 연습시켰습니다. 문제는 어느 선까지인지를 정하지 못하고 무조건 몇 시간 이상을 정해놓고 시켰다는 것입니다. 나중에 아이는 피아노에 대한 염증이 생겨서 연습을 피하려고 이 핑계 저 핑계를 대기 시작했습니다. 부모는 이것이 고비라고 여기고 더 단호하게 행동했습니다. 몇 년간 지루한 갈등을 겪다 아이는 결국 피아노를 안 치겠다고 폭탄선언을 하고 말았습니다.

성공하고, 유명해진 사람들을 키운 부모들을 자신과 동일시하는 것이 나쁜 것은 아닙니다. 하지만 고려되어야 할 것들이 고려되지 않으면 유익한 방법들이 독이 될 수 있음을 알아야 합니다. 어떻게 보면 성공한 사람을 키운 부모와 동일시하려는 마음은 자식을 위해서가 아니라 자신을 위해서일 가능성이 큽니다. '누구의 엄마 아빠'로 칭송 받고 싶은 마음이 크기 때문입니다. 성공한 자식을 키운 부모는 사실 '성공 자체가 목적' 아닌 경우가 많습니다. '아이에게 맞는 육아를 했더니 결과가 이렇게 되었다.'인데, 이것을 받아들이는 사람들은 '훌륭하게 키우려면 저런 육아를 해야 한다.'고 생각합니다. 결과를 목적이나 목표로 삼게 되면 아이만 힘들게 됩니다. 결과가 목적이 되면 부모 자신을 위한 것이 되어버린다는 것을 의미하기 때문입니다.

아이와 부모의 성향이 정반대라면?

어떤 부모는 아이에게 도움이 되는 양육에 대해 이야기하면 "내 성격하고 안 맞아서 못한다."라고 합니다. 부모의 성격이 양육의 기준선이 되는 것이지요. 이것은 아주 강력한 힘을 가진 기준선입니다.

무척이나 예민하고 감정적인 아이가 있었습니다. 반면 엄마, 아빠는 자칭 시원시원하고 화통한 성격이었지요. 그래서 아이가 감정을 표현할 때 조금이라도 뜸을 들이면 참지 못하고 "빨리 이야기해 봐!"라고 재촉하기 일쑤였습니다. 형제끼리 싸우면 둘을 불러다가 야단을 치고 악수시키는 식으로 처리했습니다. 만약 아이들이 아직 감정이 남아 표정이 안 좋으면 어서 웃으라고 요구했지요. 아이는 점점 주눅이 들고 의욕이 없어졌습니다. 급기야 학교 담임선생님이 '아이가 아무런 의욕이 없다'고 염려해서 상담을 하게 되었는데, 부모는 "도대체 쟤는 성격이 마음에 안 들어요."라며 불평했습니다. 아이의 문제를 해결하려면 부모가 아이의 성향을 파악해서 천천히 다가가야 한다고 말했더니 "그것은 내 스타일이 아니에요. 그런 것 말고 빨리 해결하는 것 없어요?"라고 답했습니다.

자신의 성격에 따라 육아방법이 달라질 수 있습니다. 성격을 완전히 제외시키고서 육아를 이야기할 수도 없습니다. 다만, 여기서 말하려는 바는 '아이에게 도움이 될지 아닌지'에 대해 전혀 고민하지 않은 '자기 성격 표현'이 얼마나 위험한지입니다. 과연 자신의 성격이 아이에게 미칠 영향을 생각지도 않고 "내 성격이 이러니까 이렇게 살래!"라고 단순하게 말해도 될까요? 부모 성격대로 양육하는 것은 다시 말해 '내 성격을 표현하는 장으로 아이를 선택한 것'이 됩니다. 그만큼 아이가 상처 받을 가능성도 커집니다.

활동양이 많지 않은 부모는 아이를 키울 때 되도록이면 집에서 얌전하게 놀게 하려 합니다. 활동적인 부모는 아이를 여기저기 많이 데리고 다닙니다. 얌전한 부모는 아이가 자꾸 바깥으로 나가려 하면 그걸 문제로 볼 것이고, 활동적인 부모는 아이가 집에서 놀려고 하면 이것을 문제로 여길 것입니다. 이처럼 부모의 성격은 아이의 성향을 자신의 성격으로 재단해서 없는 문제를 만들기도 합니다. 무조건 아이에게 맞추라는 것이 아니라 자신의 성격이 과연 양육의 기준선이 될 수 있을지 고민해봐야 한다는 것입니다. 아이 성향과 부모 성향이 다르다면 말입니다.

/ Chapter • 01 /

부모들이 자주 잊는 한 가지, '사랑은 일방향이 아니다'

이제까지 살펴본 다양한 양육의 기준선들은 부모들이 하나같이 아이에게 도움되고자 여긴 것들입니다. 다시 말해 '사랑하기 때문에' 이러한 기준선을 만든 것이지요.

그렇다면 사랑이란 무엇일까요? 사랑에 대한 정의는 무척이나 다양합니다. 함께하는 것, 나누는 것, 즐거운 것, 성장하는 것, 도움이 되는 것, 기쁨이 있는 것 등 사람마다 생각하는 사랑의 모양도 다를 것입니다. 하지만 이 정의의 저변에 꼭 깔아야 하는 개념이 있습니다. 그것이 무엇일까요?

<u>사랑을 한다면, 사랑을 받는 사람(대상)이 있다는 것입니다. 이 '받는 사람'을 잊지 마세요.</u> 받는 사람이 원하는 사랑이어

야 하고, 도움이 되어야 합니다. 받는 사람이 느끼기에 행복해야 하고, 인격 성장의 밑거름이 되어야 하며, 홀로 설 디딤돌이 되어야 하고, 스트레스를 견디는 당당함을 주어야 합니다.

특히 부모라는 이름으로 사랑할 때는 함께 나눈다는 것이 때론 즐거움이 되고 때론 고역이 되기도 한다는 것을 잊어선 안 됩니다. 어떤 아빠는 아이에게 도움이 되라고 아이와 함께 열심히 운동합니다. 하지만 아이는 어떻게 하면 아빠와 운동하는 시간을 피할 수 있을까만 생각합니다. 왜냐고요? 아빠와 같이 운동을 하면 잔소리와 핀잔을 듣고 지겹기 때문입니다. 아빠는 아이에게 운동하는 태도와 방법을 가르치느라 바빠서, 아이가 어떻게 받아들일지는 전혀 고려하지 못한 것입니다. 아이를 사랑하는 마음으로 하는 말이니 괜찮다고 여기면서 말이죠. 아이가 크면 아빠의 그 마음을 안다고요? 그동안 아이의 인격은 다 만들어집니다. 나중에 알게 되면 아이의 성격이 금세 달라질까요? 안다고 해서 이미 형성된 성격이 바뀌는 것은 아닙니다. 그냥 부모를 이해할 뿐이지요. 그렇다면 어떻게 표현하는 것이 진짜 사랑일까요? 여기서는 올바른 사랑 표현을 위해 무엇이 가장 중요한지 살펴보겠습니다.

'내가 얼마나 열심히 키웠는데'란 생각이 가리는 진실 /

상담하다 보면 부모가 나름대로 열심히 아이를 키우는데, 이 '열심히'가 오히려 문제인 경우를 꽤 봅니다. 부모는 이런 사실을 전혀 모르고 있지요. 아이를 잘 키우고 싶다는 바람으로 노력했는데, 실상은 자신의 생각과 가치관만 열심히 실현하고 있던 경우입니다. 생각이나 가치관 자체는 정말 훌륭한 것이 많습니다. 그런데 이것이 사랑을 받는 대상인 아이와 상관없이 이루어지다 보니, 아이에게 문제가 발생합니다. 결국 상담실을 찾은 뒤 아이의 진짜 마음을 알게 되면, 부모는 큰 좌절감에 빠집니다. 여태 해온 나의 방법이 잘못되었다는 것에 큰 상처를 입습니다. 때론 '나는 잘했는데 아이가 잘못 받아들였다!'라고 결론짓는 부모도 있습니다. 이렇게 아이 탓으로 돌리면서도 마음이 편치 않습니다. '내가 잘못한 것도 아닌데, 내가 사랑하지 않은 것도 아닌데, 내가 얼마나 예뻐했는데…'라고 애써 자신을 위로해도 말이지요.

<u>사랑은 내 마음이 아닌 아이 입장에서 줘야 합니다.</u> 아이를 고려하지 않으면 기준은 기준을 위한 기준이 되기 쉽고, 아이를 무시한 사랑은 사랑이라는 이름의 강요가 될 수 있습니다. 예를 들어 '잘못하면 맞아야 정신 차린다.'는 신조를 가진 부모들이 있습니다. 그래서 아이가 바르게 살게 하기 위해 체벌을 하는데, 이것 때문에 아이가 불안에 떠는 경우도 많이 생깁니다. 특히 아빠가 주로 체벌을 하는 경우, 남자들에 대한 두려움과 증오심이 커지는 걸 볼 수 있습니다. 아이들의 내면에는 사람에 대한 불신과 두려움이 많아집니다. 그래서 이런 마음의 병 때문에 대소변 실수를 자주하거나 사회성의 문제를 일으키기도 합니다. 그러다 전문기관을 찾으면, 부모가 아이에게 체벌이나 무섭게 다룬 것이 원인임을 알게 되지요.

여기에서 체벌을 하면 안 되겠다는 또 다른 결론을 내리지 않길 바랍니다. 이것은 아이의 상황과 심리 상태를 고려하지 않고 표현되는 사랑은 커다란 문제를 낳을 수 있다는 한 예일 뿐입니다. 비록 좋은 의도에서 던지는 말과 행동이라 하더라도, 아이의 마음은 다를 수 있음을 기억해야 합니다.

부모, 알지만 행동은 잘 안 되는 이유!

상담실을 찾은 많은 부모들이 아이 마음에 서서 사랑을 줘야 함을 알고 나면, 태도가 확연히 달라집니다. 이런 부모들은 열정이 있기 때문에, 방향만 제대로 잡으면 어느 누구보다 아이에게 올바른 노력을 기울일 수 있습니다.

오히려 문제가 되는 것은 '어떻게 해야 하는지를 잘 안다고 생각하는 부모'입니다. 이런 부모들은 스스로 잘 알고 있기 때문에 언젠가는 노력할 수 있고, 노력하면 된다고 생각합니다. 그래서 양육 조언들에 대해 다 알고 있다면서 귀를 기울이지 않습니다.

또한 외부에서 뭔가 해주길 바랍니다. 알긴 알지만 나는 못하니까 누군가 해주었으면 합니다. 그러다 보니 사회적 네트워크에 기대게 되고, 부모의 역할을 해줄 누군가를 다른 곳에서 찾습니다. 물론 여건이 안 되어서 그렇다면 어쩔 수 없겠지만, 많은 부모들이 충분히 할 수 있는데도 다른 곳에서 방법을 바라고 있습니다. 이런 부모가 상담실을 찾으면 변화를 만들어가는 첫 단계부터가 힘듭니다. 나는 다 아니까 네가 한 번 변화를 만들어봐라는 태도를 보이기 때문이죠.

그렇다면 이 부모들은 정말 알고 있을까요? 무엇을 알고 있는 걸까요? 알고 있지만 안 되는 것은 '행동으로 옮길 수 없는 뭔가'가 있다는 것입니다. 그 뭔가는 다양합니다. 단순히 귀찮아서 아니면 내 일이 너무 바빠서, 아이가 미워서, 해주면 더 해달라고 해서 등의 이유들을 댑니다. 만약 우리의 부모가 우리에게 "알고는 있었지만 내가 바빠서 원하는 것을 못해줬다."라는 말로 부족한 부분을 넘기려 한다면, 과연 우리는 "그럴 수도 있지, 뭐."라고 이해할 수 있을까요? 아이와 입장을 바꾸어 놓고 생각하면, 나는 잘 받아들이기 힘들 것입니다. 그럼에도 불구하고 내 자식에게는 쉽게 변명을 해버리는 것입니다.

사실 해보지 않으면 아는 것이라 할 수 없습니다. 머리로 아는 것과 실제로 해보는 것은 천지차이입니다. 이렇게 하면 된다고 생각하지만 실제 해보면 쉽게 되지 않습니다. 돌발 변수가 생기고, 나는 노력하는데 아이는 싫어서 울기도 하는 상황이 생깁니다. 그렇기 때문에 해보지 않고서는 아는 척을 해선 안 되며, 모르는 것과 매한가지입니다.

민호 부모는 아이가 책을 읽어주면 좋아하는 것을 알고 있습니다. 내심 귀찮았지만 아이에게 자꾸 이런저런 핑계 대는 게 미안해서 책을 읽어주게 되었습니다. 그런데 이때 문제가 생깁니다. 엄마 아빠는 2~3권 정도 읽어주려는데, 민호는 10권이나 읽어달라고 합니다. 서로 실랑이를 하다가 5권으로 정했습니다.

아이는 처음에는 동의하다가 다섯 권째가 되니까 "한 권만 더."
라고 요구합니다. 부모는 "약속은 지켜야지."라고 거절했지만
민호는 울음을 터트리고, 결국 부모가 야단을 쳐서 재우게 되었
지요.

민호 부모의 의도는 '내가 아이에게 좋아하는 책을 읽어주었으니 마
냥 행복해지리라.'겠지만, 실상은 달랐습니다. 오히려 그 행동이 기분
나쁘게 끝나버렸기 때문에 아이 기분이 썩 좋지 않았습니다. 이러한
것들은 실제 의도와 행동이 다를 수 있음을 보여주는 좋은 예입니다.
결국 머리로 아는 것을 직접 행동으로 실천하는 것 역시 사랑의 필요
조건인 셈이지요.

지금까지 우리는 사랑이라는 이름으로 육아에 적용되는 여러 기준
에 대해 알아보았습니다. 더불어 사랑의 필요조건에 대해 함께 살펴보
았습니다. 다양한 사례를 통해 아이를 고려하지 않은 기준과 사랑이
얼마나 커다란 문제 상황을 만들 수 있는지 알았을 것입니다. 그렇다
면 어떤 기준으로 아이를 키워야 아이에게 도움이 되고, 아이에게 사
랑이라는 이름이 제대로 설 수 있을까요? 이제부터 결코 포기해서도
흔들려서도 안 될, 육아의 마지노선에 대해 이야기해보겠습니다.

사랑이란 이름으로
절대 덮어서는
안 될 선이 있다!!

Chapter · 02

아이 앞에서
마음이 약해지는 순간,
이것만은 잊지 말자!

/ Chapter • 02 /

사랑은 아이의 인생에 등대를 세워준다

−도덕성−

한 아이가 성적 부담이 많았습니다. 그래도 아이 성적이 좋았기 때문에 부모는 좀 더 좋은 학원, 선생님들을 붙여주려고 했습니다. 과외비가 많이 들어가자 아이 엄마는 아르바이트를 했습니다. 헌신적인 부모의 모습에 아이는 점점 부담이 커졌지요. 그래서 성적을 올리기 위해 커닝을 몇 번 하고 말았습니다. 아이가 다니는 학교는 커닝에 대한 교칙이 엄격해서 중한 처벌이 내려졌습니다. 아이는 처벌도 처벌이지만 창피함과 부담감으로 점점 학습 의욕이 떨어지게 되었습니다.

우리는 이와 비슷한 부모의 노력을 많이 볼 수 있습니다. 이 노력 자체가 문제라고 할 수는 없지만 기준선을 염두에 두고 접근했다면 이러한 결과를 가져오지는 않았을 것입니다. 부모의 노력은 아이에게 '어떤 식으로든 성적을 올려라.'라는 메시지로 들렸습니다. 그 결과 아이가 목적을 위해 수단을 가리지 않는 행동을 하게끔 몰고 간 것입니다.

<u>육아의 기준선 중 가장 기본은 도덕성입니다. 이 기준선 즉, 도덕성 위에 부모의 관심과 사랑을 놓아야만 제대로 양육하고 있다고 할 수 있습니다.</u> 그렇지 않으면 부모의 노력들이 한순간에 물거품이 될 수 있습니다.

우리나라 부모들은 의외로 남과의 관계 속에서 아이를 키운다기보다 남보다 더 나았으면 하는 마음에 '지나치게 이기적이고 아이에게만 집중된' 양육을 하고 있습니다. 모든 부모가 그런 건 아니지만 대부분은 자신이 생각하는 가치관 내에서 자신의 성격이나 성향대로 아이를 양육합니다. 즉 도덕적인 것을 고려해서라기보단 부모의 성향이 엄격하기 때문에 아이를 엄하게 키우는 것뿐인데, 이것을 도덕적으로 키운다고 착각한다는 것입니다. 이것은 분명 차이가 있습니다.

요즘은 육아에서 도덕성을 많이 강조하는 추세입니다. 이때 많은 부모들이 <u>도덕성을 육아의 기초로 받아들이기보다 '도덕지수가 높은 사람이 성공한다'</u>는 것에 더 집중합니다. 이렇게 되면 도덕성은 성공을 위한 도구가 되어 버립니다. 도덕성이 성공을 위한 도구로 전락한 순간 그것은 도덕성이 아닐 수 있습니다. 성공을 위해서 도덕적인 척하는 것을 가르치는 것이지요. 도덕적인 사람은 성공을 위해 도덕적인 삶을 살지는 않습니다. 이것은 분명 구분되어야 할 것입니다.

도덕성은 부모 노릇의 본질이다

그렇다면 도덕성이란 무엇이며 도덕성을 육아의 기준으로 삼는다는 건 어떤 의미일까요? 도덕성이란 <u>다른 사람과의 관계에서 해야 할 것과 하지 말아야 할 것을 제대로 알고 지키는 것, 그 성품과 마음입니다.</u> 사람으로 마땅히 행해야 하는 것을 알아야만 도덕성이 있다고 할 수 있습니다. 이것은 법이나 규칙을 지키는 소극적인 의미에서 자기실현을 위해 나아가는 인간성까지도 포함합니다.

도덕성은 다른 사람들의 판단 기준이나 칭찬, 벌 때문에 시작됩니다. 하지만 성장할수록 남의 이목 때문이 아니라 스스로 그렇게 행동하는 것이 가치 있고 옳다고 여기는 내면화 단계에 접어듭니다. 이 단계까지 이르러야 도덕지수가 높다고 할 수 있습니다. 도덕지수가 높아지게끔 양육해야 하는 것은 부모 역할에서 선택사항이 아니라 본질입니다. 아이에게 관심과 사랑이 많다고 해도 부모가 아이의 도덕성 발달에 신경을 쓰지 않는다면, 이것은 방치이며 직무유기입니다. 이런 의미 때문에 포기할 수 없는 마지노선이 도덕성이라는 것입니다.

그런데 많은 부모들이 아이가 성장하면 도덕성이 저절로 생기리라 기대합니다. 그래서 저절로 생기지 않을 것 같은 인지적·학습적인 부분(?)에 대해 지나치게 신경을 씁니다. 그것이 부모의 몫이라고 여기지요. 모든 것을 성공을 위한 도구로 생각합니다. 도덕지수를 높이는 것조차도 성공하기 위해서 끌어들입니다. 자율적인 태도나 창의성조차 인지나 학습적인 능력을 높이기 위한 도구로 여깁니다. 이것은 잘못된 것입니다. 성공한 많은 유명 인사들이 도덕성의 흠집으로 인해 평생 쌓아 왔던 공이 하루아침에 와르르 무너지는 걸 많이 보지 않습니까? 극단적으로 표현하자면, 도덕성에 대해 지나칠 정도로 신경을 써야만 성장했을 때 아이가 충분히 사회의 일원으로 한몫을 하고 행복하게 생활할 수 있습니다.

도덕성에 대해 신경 쓴다는 것을 자칫 '엄격하게' 키우라는 말로 오해하지 마시기 바랍니다. 엄격하게 키운다고 해서 도덕성이 생기는 것은 아닙니다. 그렇다면 부모가 어떻게 해야만 도덕성이 잘 발달하도록 할 수 있을까요? 도덕성은 아이가 자란다고 그냥 생기는 것이 아닙니다. 부모가 애를 쓰고 신경을 써야만 생기는 부분입니다.

도덕성은 아주 어릴 적부터 부모와의 관계 속에서 키워집니다. 부모가 양육할 때 아이 행동에 대해 판단합니다. 이것이 도덕성 발달에 어느 정도 영향을 줍니다. 물론 각 나라의 문화에 따라 혹은 부모의 성향에 따라 도덕성도 많이 달라집니다. 게다가 종교적인 것이 덧붙여지면 더 달라질 수 있지요. 엄격해지기도 하고 느슨해지기도 합니다. 그렇긴 하지만 인간으로서 지켜야 할 공통부분은 있기 마련입니다. 그렇다면 도덕성을 키우기 위해 필요한 구체적인 가이드라인은 무엇일까요?

/ Chapter • 02 /

생활에서 아이의 도덕성을 분명하게 길러주는 방법

내 것과 남의 것을 제대로 구분하는 아이

아이의 도덕성을 키우기 위해 가장 염두에 둘 것은 내 것과 남의 것을 구분할 줄 아는 일입니다. 이것을 구분 못하는 사람이 어디 있냐고요? 머릿속에서 '인지'하는 것과 '행동'으로 드러나는 것은 분명 다릅니다.

많은 사람들이 머릿속으로는 내 것과 네 것을 구분하지만, 행동에서는 내 것은 내 것이고 남의 것도 내 것이라는 식의 태도를 보입니다. 공금횡령이나 사기를 치는 사건들이 그 결과이지요. 아이에게 내 것과 남의 것을 구분하는 것을 반드시 가르쳐야 합니다. 즉 아이가 이것을 구분하지 못해서 '잘못'을 하지 않도록 도와야 합니다.

사회적인 통념상 죄를 짓는다는 것은 법을 어기는 것을 말합니다. 아이들의 경우 대표적으로 '남의 물건에 대한 올바르지 않은 행동'을 들 수 있습니다. 남의 물건을 함부로 가져와도 나이가 어릴 때는 누구나 이해해줍니다. 하지만 아무것도 모르고 가지고 오든 아니든 간에 남의 것을 가지고 오는 행동은 제지되어야 합니다. 아주 어릴 때부터 말이지요. 돌 전의 아이가 남의 것을 건드리는 행동이 무슨 나쁜 의도가 있을까요. 그래도 제지(가볍게 '하지 마' 정도)는 이루어져야 합니다. 아이에게 너무 엄격하다고요? 이것을 엄격하다기보다 '지켜야 할 선'을 가르치는 것입니다. 남의 것과 내 것을 구분하는 것은 누구의 소유인가를 구분하는 것이므로, 나와 남을 구별하는 데도 도움이 됩니다. 내 것과 남의 것을 구분해야만 서로 피해를 주지 않을 수 있습니다. 아주 어릴 때부터 가르쳐야만 아이는 '구분을 배우기 시작'합니다.

하지만 현실에서는 이런 실천이 참 어렵습니다. 아이들은 갖고 싶다는 욕구가 더 큽니다. 그래서 남의 것이어도 갖고 싶으면 울며 떼를 씁니다. 아무리 설명해도 알아듣지 못합니다. 말이 통한다 해도 부모의 말을 받아들이지 못하고 갖고 싶다는 마음을 더 크게 표현합니다. 부모가 못하게 하면 때론 몰래 혼자 해결하는 경우도 더러 있습니다. 그래서 아이가 남의 것을 함부로 손댔을 때 어떤 태도를 보이느냐가 중요합니다.

슈퍼에서 있었던 일입니다. 세 살배기 아이가 왔습니다. 엄마가 껌을 못 먹게 하자 몰래 껌을 가지고 구석에 가서 입에 넣고는 완전 범죄(?)를 하려 했지요. 아이는 그렇게 하면 안 된다는 걸 알고 있었던 것 같습니다. 그러니까 몰래 숨어서 먹으려 했겠지요. 이것에 대해 엄마가 아무 생각 없이 "너 입에 든 것 뭐야?"라고 지나가듯이 묻자, 아이는 씩 웃어넘기면서 얼렁뚱땅 넘어가려 했습니다. 이것을 판매원이 알고 나무라며 돈을 청구했는데, 문제는 엄마의 태도였지요. 엄마는 판매원에게 돈을 주면 되지, 뭘 까다롭게 구냐는 태도를 보였습니다.

물론 어린아이에게 악의는 없었겠지만, 이것은 그냥 넘어가서는 안 되는 일입니다. 남의 것이기 때문에 그냥 먹어서는 안 되며 계산하고 먹어야 하는 것임을 부모가 아이에게 단호히 가르치고, 죄송하다고 사과를 시켜야 합니다. 아무리 아이가 떼쓰고 운다고 해도 들어줄 것이 따로 있습니다.

남의 집에서 놀다가 친구 장난감을 집에 가지고 오려고 울고 떼쓰는 경우도 마찬가지입니다. 그런 상황에서 부모들은 대체로 두 가지 방법을 씁니다. 남의 것이니까 울어도 그냥 데리고 오거나, 우니까 빌려서 가지고 오는 경우입니다. 빌리는 경우 그 집 아이도 주지 않겠다고 떼쓰게 되면 참으로 난감하지요. 그래도 꿋꿋하게 '우리 아이가 울고 속상하니까' 빌려 오는 부모도 있습니다.

이럴 때는 우선 남의 것이니까 놔두고 오도록 훈육해야 합니다. 그쪽 집에서 "뭘 그렇게 빡빡하게 구냐."고 말해도, 그렇게 해야만 내 것과 남의 것의 구분을 가르칠 수 있습니다. 이것은 시간이 걸리더라도 해야 할 일입니다. 하지만 만약 이런 일이 잦다면 다른 생각을 해봐야 합니다. <u>아이가 어려서 그런지 아니면 마음에 채워지지 않는 뭔가가 있는 건지</u>(부모가 장난감을 너무 안 사주는지, 아이의 마음속

허전함이 커서 무조건 남의 것을 가져야만 직성이 풀리는 것인지) 말입니다. 그래서 바깥에서 논다든지, 그 집에 놀러가는 것을 잠시 줄이고 집에서 아이에게 관심을 기울여 보는 것도 방법이지요.

유치원 때는 아이들이 남의 물건이나 유치원의 물건을 몰래 가져오는 경우가 종종 있습니다. 이것을 어떻게 대처하느냐에 따라 긍정적인 것을 가르칠 수 있습니다. 이런 것을 누구나 다 하는 행동으로 생각하면 안 됩니다. 그 시기에 누구나 다 할 수는 있지만 '해서는 안 되는 행동'으로 접근해야 합니다. 아이에게 물건을 가져오면 안 된다고 이야기해야 하고 주인에게 물건을 돌려주도록 해야 합니다. 대신 이것을 받아들이는 유치원 선생님이나 친구 쪽 집에서는 아이를 정죄하기보다는 아이에게 "다음부터는 그러면 안 된다."고 말해야겠지요. 무섭게가 아니라 부드럽지만 단호하게요. 어떤 부모는 물건을 몰래 갖다 놓게 하거나, 갖다 주지 않고 몰래 버리기도 합니다. 우리 아이가 나쁜 아이로 찍힐까 봐 걱정해서 말입니다. 하지만 부모는 내 아이가 나쁜 아이로 '찍히는 것'보다 나쁜 아이가 '되는 것'을 더 걱정해야 합니다. 그때는 조금 창피할 수 있지만 서로 도와서 아이의 행동이 확장되지 않게 막을 수도 있습니다. 만약 다른 사람이 우리 아이가 물건을 몰래 가져갔다고 이야기해주면, 기분 나빠 할 것이 아니라 상황을 알아보고, 정말 그랬다면 그 사람에게 고마워해야 합니다.

남과 나의 것을 구분하는 것은 집안에서 시작해야 합니다. 식구들의 개인 물건을 존중하는 것부터 말입니다. 부모의 것이든 자녀의 것이든 형제 것이든 간에 식구라는 이유로 개인 물건을 함부로 만지거나 쓰지 않아야 합니다. 부모 역시 부모의 물건들을 아이가 함부로 만지지 않도록 하는 것이 필요하며, 자녀들의 물건도 함부로 버리거나 하지 않도록 조심해야 합니다. 이러한 것들이 집안에서 이루어져야 남과 나의 것을 구분하는 기초가 만들어집니다. 도덕성의 첫 걸음은 남과 나를 구분하고 남의 것과 나의 것을 구분하는 것에서 시작됩니다. 이것이 구분되어야만 도덕성 발달이 가능해지며 잘못을 저지르지 않게 도울 수 있습니다.

　아무리 똑똑하게 키우고 좋은 학교를 보낸다 하더라도 도덕성이 키워지지 않으면, 사실 자식 농사는 실패라 할 수 있습니다. 좋은 것도 이것을 잘 쓸 수 있는 사람이 가져야만 제대로 쓰입니다. 머리가 좋아도 도덕성이 제대로 갖춰지지 않으면 소용없게 되는 것이지요. 사기나 해킹 같은 편법을 쓰는 걸 별것 아닌 듯 여기는 사회악으로 자리 잡겠지요. 이런 어른들을 우리는 주변에서 얼마나 많이 봅니까? 어른이기 때문에 이런 행동을 하는 건가요? 이것은 어릴 때부터 도덕성에 대한 양육이 제대로 되어 있지 않았기 때문입니다. <u>도덕성은 순간에 생기는 것이 절대 아닙니다. 도덕성은 성과 같아서 기초가 필요하고 돌 하나하나가 쌓여져야 합니다.</u> 그렇기 때문에 아주 어릴 때부터 도덕성을 염두에 두고 양육에 신경 써야 합니다. 이것은 아이를 제대로 사랑하는지에 대한 중요한 잣대입니다. 자녀를 사랑하십니까? 그렇다면 아이가 남의 것과 내 것을 구분하는 것에 신경 써야 합니다.

다른 사람 역시
귀한 존재임을 아는 아이

아이들이 내 몸은 소중하다는 것을 저절로 알게 되는 게 아닙니다. 어릴 때부터 부모가 아이에게 소중함을 가르치고 소중하게 대우해줘야만 알게 됩니다. 아이를 귀하게 여기는 것은 여느 부모들이나 마찬가지일 겁니다. 하지만 자신의 아이는 아주 끔찍하게 챙기면서, 다른 사람들은 함부로 대하는 부모들이 종종 있습니다.

진호의 부모는 몇 년 만에 아이를 낳았습니다. 그만큼 진호는 귀한 아이였고, 부모는 진호를 금이야 옥이야 열심히 키웠습니다. 다칠까 봐 아플까 봐 노심초사 했지요. 진호가 두 돌이 지나면서 다른 아이들과 어울릴 기회가 생겼을 때 문제가 발생했습니다. 이맘때 아이들은 자기가 갖고 싶은 물건이 있으면, 옆 친구를 인식하지 못하곤 합니다. 자기가 갖고 싶은 장난감만 보이기 때문에 친구를 밀치거나 때리기도 하지요. 그러다 보니 진호가 다른 친구들에게 맞는 일이 생겼습니다. 너무나 속이 상한 진호 엄마는 진호를 때린 아이를 불러 야단을 쳤습니다. 절대 때리지 말라고 틈틈이 주의도 줬습니다. 그래도 맞을까 봐 진호 근처에서 대기 상태로 있다가, 싸움이 날 것 같으면 얼른 아이를 제지했습니다. 반대로 진호가 다른 아이를 때리면 다른 아이에게 "네가 뺏으니까 그렇지. 빼앗지 마."라고 오히려 진호 편만 들었습니다.

이제는 진호 엄마의 행동 때문에 다른 엄마들이 속상하게 되었습니다. 알게 모르게 진호와 진호 엄마는 주변 사람들의 기피 대상 1호가 되었습니다.

내 아이가 상처 날까 봐 걱정된다면 다른 아이 몸에 상처 나는 것에도 같은 마음이어야 합니다. 우리 아이가 귀하면 다른 사람도 귀합니다. 내가 귀하면 다른 사람들도 귀하듯이 말입니다. 귀하다고 하는 것은 단순히 신체만을 의미하지는 않습니다. 몸뿐 아니라 사람에 대한 이해도 들어갑니다.

도덕성의 또 하나 고려해야 할 것 중 하나가 바로 <u>존중</u>입니다. 이 역시 어릴 때부터 익혀야 하는데, 어떻게 해야 아이가 다른 사람을 존중할까요?

<u>우선 다른 사람을 밀치거나 때리는 행동을 제지해야 합니다.</u> 그런데 이 행동을 제지할 때 조심할 부분이 있습니다. 예를 들어 아이가 엄마를 때리거나 머리를 잡아당길 때, 부모가 아이 손을 때리면서 제지하는 경우를 종종 봅니다. 부모가 때리면서 제지하거나 체벌을 자주 하면 아이는 자연스럽게 때리는 행동을 습득합니다. 아이들이 자기 마음에 안 드는 일이 생겼을 때 때리는 것으로 문제 해결을 하려들 수 있다는 것입니다.

<u>두 번째로 다른 아이를 귀하게 대하도록 가르치십시오.</u> 친구 중에 조금 부족한 아이가 있을 때 부모의 시선이 어떠한지가 중요합니다. 그 친구와 못 놀게 하거나 그런 아이를 폄훼하는 말을 한다면

이것은 아이에게 다른 사람을 함부로 대하라고 가르치는 셈입니다. 간혹 친구들과 놀고 싶은데 사교성이 부족해 친구를 툭툭 건드리고 놀리는 것으로 접근하는 아이들이 종종 있습니다. 만약 우리 아이가 그렇다면 단순히 '사회적 기술이 부족하구나.'라고 이해하고 있을 게 아니라 분명히 말해줘야 합니다. 그렇게 하면 친구들이 싫어할 수 있다는 것을 말입니다. 다른 사람이 싫어한다면 아무리 내 의도가 좋다 해도 안 된다고 가르쳐야 합니다.

어떤 아빠들은 아이가 싫어하는 행동을 재미로 하기도 합니다. 예컨대 술을 마시고서 자기 기분이 좋다는 이유로 아이를 툭툭 건드리며 약 올리거나 일부러 야단치듯이 대합니다. 아이의 반응이 귀엽고 재미있다는 이유로 말입니다. 아이가 싫어하는 데 마구 껴안고 머리를 쓰다듬는 행동들 역시 아이가 받아들이지 않으면 말아야 합니다. 그래야 아이가 바깥에서 '자기가 좋다는 이유로 혹은 자기가 재미있다는 이유로' 다른 사람이 싫어하는 행동을 하지 않을 것입니다. 친구들이 놀려서 그랬다면 이 행동을 이해해줘야 하지만, 그래도 그 행동을 합리화시켜서는 안 됩니다. 갈등 상황에서 때리거나 신체적인 공격으로 해결하지 않도록 갈등 해결방법에 대해 교육할 필요가 있습니다.

앞서 언급한 진호 이야기로 다시 돌아가 볼까요? 진호 엄마가 계속 신경을 쓰긴 했지만, 진호는 엄마가 없을 때 여전히 친구들에게 괴롭힘을 당했습니다. 진호가 집에 와서 속상해하자 부모는 "너도 가서 때려라."라고 했습니다. 그랬더니 진호가 친구들을 때려서 오히려 가해자가 되는 상황이 되었습니다. 엄마 심정은 이해되지만 이렇게 하면 결국 힘으로 해결하는 것이 최선이 되는 상황이 됩니다. 어떤 애들이 괴롭히는지, 그 정도가 얼마나 심한지, 진호가 친구들의 장난에 예민하게 대하는지 등을 알아보고 적절한 방법들을 찾아야 합니다. 물론 진호를 괴롭힌 아이들의 행동을 합리화하는 것은 절대 아닙니다. 그 아이들에게도 단호하게 알려주어야 합니다.

세 번째로 야단을 어떻게 치는가도 중요합니다. 아이는 야단치는 부모의 태도에 따라서 자신이 귀한 존재인지, 다른 사람을 어떻게 대해야 할지 알게 됩니다. 아이를 확 잡아끌거나 아무데나 때리고 함부로 욕하는 행동을 반드시 조심해야 합니다. 물론 부모가 너무 화가 나면 가끔 이런 행동이 나옵니다. 그렇지만 이런 행동들에 대해 감정에 치우친 실수로 인정을 해야지 '그렇게 해도 된다.'라고 봐서는 안 됩니다. 이런 행동이 지속되면 아이들은 자신이 존중받지 못한다고 여기게 되고, 다른 사람에게도 함부로 대하게 됩니다.

아이들에게 성교육을 시킬 때도 이런 생각이 기본에 깔려 있어야 합니다. 성에 대한 지식은 분명 필요합니다. 하지만 아무리 성교육을 해도, 사람을 어떻게 대해야 하는지에 대한 마음의 이해가 없다면 효과를 보기 힘듭니다. 사람을 함부로 대하지 않는 마음가짐이 있다면 성적인 문제들은 많이 줄어들 것입니다. 자신이 함부로 대접을 받지 않았고 남을 함부로 하면 안 된다는 것을 배워왔다면 말입니다.

물론 아이들이 자라서 성적 호기심을 보이는 경우가 있습니다. 아이의 발달상 자연스러운 단계에 접어들었을 경우입니다. 그러나 이러한 행동들이 지나치게 폭력적이거나 남을 함부로 대하는 행동으로 이

어진다면 절대 그냥 넘겨서는 안 됩니다. 부모가 보기에 아직 어리고 몰라서 그런 거라고 생각되어도, 절대 그냥 넘어가서는 안 됩니다. 아이들이 자라면서 나타나는 발달상의 성적 행동과, 다른 사람을 함부로 하는 폭력적인 행동들은 아주 엄격하게 구분되어야 합니다. 이를 위해 전문가의 도움을 받을 수도 있습니다.

/ Chapter • 02 /

아이의 사회성을 길러주는 사랑 육아
-남에게 피해 주는 행동 붙잡기-

도덕성에서 또 하나 고려할 것은 남에게 피해를 주는 행동이나 공공질서에 위배되는 행동입니다. 이것이 아이를 사랑하고 행복하게 만들어주는 것과 무슨 상관이 있냐고요? 물론 있지요. 아주 중요합니다.

아이에게 관심을 갖고 사랑하는 가장 큰 이유는 아이가 잘 컸으면 하는 바람과 행복하게 살아가기를 바라는 마음 때문일 것입니다. 사람은 혼자 살아갈 수 없는 사회적인 동물입니다. 그렇기 때문에 사회 속에서 자신의 위치를 찾고 다른 사람과의 관계 속에서 적절하게 행동해 나가는 것이 매우 중요합니다. 자신의 행복뿐 아니라 다른 사람에게 피해를 주지 않는 태도도 필요합니다. 이것은 다른 사람의 행복권 역시 인정해주는 태도이며, 이것은 고스란히 나 자신에게 되돌아옵니다.

그래서 우리는 또 하나의 마지노선을 지켜나가야 합니다. 남에게 피해를 주지 않도록 아이를 가르치고 경험시키는 것입니다.

흔히 말하는 '아이를 버릇없이 키운다'는 이야기에서, 아이를 버릇없이 키우는 가장 큰 이유 중 하나로 부모가 마냥 오냐 오냐 하며 키워서 그렇다고 생각하는데, 근본적인 이유는 따로 있습니다. 아이에게 정말 가르쳐야 할 것을 가르치지 않아서입니다. 남에게 피해를 주는 행동이나 공공질서를 흐트러뜨리는 행동에 대해서 부모는 단호해야 합니다. 하지만 많은 부모들은 아이가 인지적으로 빠르게 자라기만을 바라고, 이 부분에 대해서는 그렇게 신경 쓰지 않습니다.

아이들은 참 에너지가 많습니다. 틈만 나면 뛰어다닙니다. 뛸 곳이든 아니든 간에 말입니다. 열차 안에서 형제가 뛰어다니고 시끄럽게 떠들어도 내버려두는 부모들이 있습니다. 그런데 형제가 서로 다투기 시작하면 곧장 야단을 치지요. 사이좋게 지내지 않는다고 말입니다. 이것은 남에게 피해가 되는지보다 내가 생각하는 규칙을 지키는지 여부가 더 중요한 부모가 많다는 것을 의미합니다.

식당에서 가족들이 식사할 때도 마찬가지입니다. 아이들이 식당에서 여기저기 뛰어다니는 일이 많습니다. 다른 사람들은 눈을 찌푸려도 보호자들은 아이니까 그러려니 하고 담소를 나눕니다. 아이가 여기저기 다니면서 수저통을 만지고 휴지를 꺼내서, 다른 사람들이 하지 말라고 하면 그제야 부모가 아이를 못하게 제지합니다. 다른 사람의 지적을 받았다는 것에 기분 나빠하면서 말입니다. 이 아이의 부모들이 상당히 허용적이어서 아이들을 그냥 두는 것일까요? 집에서는 뭘 해도 그냥 둘까요? 그렇지 않은 경우가 더 많습니다. 집에서 아이가 시키는 것을 제대로 하지 않거나 게으름을 피우면 야단을 치지요. 아이가 숙제나 학습지를 제대로 하지 않으면 "나중에 너의 인생이 어떻게 되려고 그러냐!"면서 야단을 칩니다. 아이가 성공하기를 바라는 마음으로 말입니다. 아이가 이렇게 자라면 훗날 성공한다고 해도 남에게 피해 주는 것에 대해 별로 신경 쓰지 않을 것입니다.

　아이들에게 무엇을 가르치는 것이 사랑일까요? 질서를 지키게 하는 것도 사랑입니다. 어울려 사는 사람들의 생활 속에는 정해진 규칙들이 있습니다. 예를 들어 줄을 서야 하는 상황이라면 어떻게 할까요? 아이들은 줄을 서길 싫어합니다. 그래서 자꾸 앞에 나가죠. 애니까 어쩔 수 없다고요? 그래도 줄을 세워야 합니다. 이것이 아이에게 스트레스가 된다고요? 스트레스가 되어도 할 수 없습니다. 다른 사람들에게 양해를 구하거나 새치기한다면 아이에게 결코 좋은 영향을 줄 수 없습니다. 아이가 스트레스를 받지 않는다고 좋은 것은 아닙니다.

　아주 어릴 때부터 공공장소에서 속삭이듯이 말해보셨나요? 아이들은 잘 몰라서 크게 이야기할 수 있지만 부모는 공공장소에서 목소리를 줄여서 이야기해보세요. 그렇게 하면 아이도 자연스럽게 공공장소에서 조용히 말해야 함을 알게 됩니다.

　길거리에 쓰레기를 버리지 않는 것도 사회적인 약속(규칙)이지요. 이 규칙을 유치원생들은 지키려 합니다. 그런데 학교만 들어가면 흐지부지되어버립니다. 왜냐고요? 가정에서 지속적으로 가르쳐주지 않기 때문입니다. 어른들도 아무 데나 쓰레기를 버리고 담배꽁초를 버리는데,

아이들이 잘할 수 있을까요?

　공연이나 영화를 보러 갈 때 애들 대상이라 재미없다며 아이들만 들여보내는 부모들도 있습니다. 공연장 안에서 아이들은 난리가 나지요. 재미없다고 장난치는 아이들, 의자를 발로 차는 아이들, 뛰어다니는 아이들…. 부모들은 바깥에서 다른 볼 일을 보고 기다립니다. 아이들에게 좋은 기회를 주었다는 생각으로 흐뭇해하며, 아이와 같이 공연을 보는 부모들은 '아이들을 믿지 못한다'고 여기기도 하지요. 하지만 아이와 부모가 같이 공연을 보는 것은 아이에게 실내 규칙을 가르쳐줄 수 있는 좋은 경험의 기회입니다. 아이들만 있으면 많은 사람들이 공연이나 영화를 잘 보지 못하고 좋지 않은 기분으로 돌아갈지도 모릅니다. 모두 부모가 님에게 피해를 주는 것을 별 생각 없이 여기기 때문에 빚어지는 일입니다.

　단, 공공질서에 대한 것이나 남에게 피해를 주는 부분을 가르칠 때 부모가 어떤 태도로 어떻게 가르치느냐가 중요합니다. 많은 부모들이 아이에게 하지 말아야 하는 이유를 말할 때 "떠들면 아저씨가 혼낸다. 소리 지르면 경찰이 잡아간다. 뛰어다니다가 모르는 아저씨가 잡아간다." 식으로 남이 우리를 어떻게 볼 것인지에 대해 열심히 가르칩니다. 이것은 올바른 방법은 아닙니다. 남들의 시선을 의식하게 만드는 것은 눈치 보게 만들고 수치심을 가지게 합니다. 이 행동을 하면 남들이 어떻게 생각할 것인지를 신경 쓰는 것이죠. 그게 아니라 남에게 피해를 주기 때문에 안 된다고 가르쳐야만 합니다. 이 차이가 무엇일까요? "남들이 욕하잖아."라고 말하는 것은 남들이 보면 그 행동을 조심하고, 안 보면 아무렇게나 행동해도 된다는 뜻과 같습니다.

이렇게 수치심을 가르치는 것은 우리나라의 저변에 깔려 있습니다. 그 결과 보는 사람이 있으면 조심하고, 누가 안 보면 남의 것을 내 것처럼 가져가는 행동이 만연한 것입니다. 물론 부모들이 들키지만 않으면 되고 남의 눈에 띄지 않으면 된다는 식으로 가르치지는 않지만, 무의식적으로 아이에게 누가 본 사람이 없으면 대충 넘어가려 하는 모습들을 보여주고 있습니다.

부모라면, 아이에게 남의 시선을 의식해서 행동하라고 가르칠 것이 아니라 '남에게 피해를 주면 안 되기 때문'임을, 또 그 행동을 하면 '정해진 규칙에 어긋나기 때문'임을 가르쳐야 합니다. 그렇게 해야만 제대로 된 도덕성을 기를 수 있습니다.

우리가 '옳은 것'을 알지만 그대로 행동하지 못하는 이유

물론 부모들 중에는 도덕성에 대해 신경을 쓰는 분들도 많습니다. 앞에서 자녀를 엄격하게 대하는 것이 도덕성을 키우는 것이 아니라고 잠깐 언급했습니다. 아이의 도덕성을 위해서는 분명 엄격한 선이 필요하지만 이것이 다는 아닙니다. 도덕성 발달을 위해 노력했는데 아이는 전혀 도덕적이지 않은 태도를 보이는 경우들도 많습니다. 예를 들어 남에게 피해를 주지 말라고 가르친 아이가 도벽을 보이고 남을 괴롭히는 행동을 하는 것이지요. 부모는 당연히 우리 애는 절대 그런 행동을 하지 않는다고 여깁니다. 아이의 도덕성 발달을 위해 노력했기 때문에 아이가 문제 행동을 한다는 것을 아예 부정하려는 것이지요. 그러다가 행동의 증거가 드러나면 무척이나 황당해하고 속상해하는 부모들을 종종 봅니다.

부모의 도덕적인 관심으로 아이가 충분히 가르침을 받았다 하더라도 이것을 행동으로 옮길 때는 아는 것과 행동의 불일치가 언제든지 일어날 수 있습니다. 알고 있는 것을 실천에 옮길 수 있도록 만드는 것은 정서적인 여유입니다. 도덕성 발달과 정서가 같이 어우러져야만 제대로 된 도덕적인 삶을 살아갈 수 있습니다. 따라서 아이의 정서적인 부분을 함께 신경 쓰지 않으면 오히려 '부모가 원하는 노력적인 삶을 의도적으로 거부하는 아이'로 성장할 수 있습니다. 혹은 알지만 행동이 제대로 따라 주지 않아 아이의 죄책감이 커지기도 합니다.

사실 아이들 대부분은 '하면 안 되는 행동'을 알고 있지만 '하고 싶은 마음이 더 커서' 하는 경우가 많습니다. 아마 도덕시험 문제를 내면 100점을 맞을 수 있겠지만 행동은 기본점수도 안 되는 경우이겠지요. 도덕적인 것을 알고 있다 하더라도 행동으로 옮기지 못하는 이유는 아이 나이가 어리거나 마음속에 정서적인 공허감(소외감, 거절감, 분노, 미움 등)이 있기 때문입니다. 아이가 어렸을 때는 그러려니 하고 넘길 수 있지만, 자라면서 문제의 강도가 커집니다. 이때 심각성을 느끼지 못하면 주변에서 용인하는 수준에서 점점 사회적 문제로 발전될 가능성이 있기 때문에 경각심을 가져야 합니다. 고학년이 되거나 사춘기 혹은 중고등학교 아이들의 문제 행동들을 보면 갑작스럽게 행동하는 것처럼 보일지 모르지만, 사실 그 이전에 틈틈이 티를 내고 있었던 경우가 허다합니다. 결국 부모는 아이가 도덕성을 제대로 발휘할 수 있도록 정서적인 부분에 더불어 신경 써야 하고, 이것을 신경 쓰지 않는 것은 아주 위험한 방임임을 알아야 합니다.

도덕적인 발달과 정서적인 발달, 두 가지의 균형이 잘 맞았을 때 그 결과로 배려가 생겨납니다. 즉 <u>배려는 가르쳐서 되는 것이 아닙니다. 도덕적인 것과 정서적인 발달이 되었을 때 자연스럽게 드러나는 결과물입니다.</u> 아이에게 배려할 부분이 무엇인지를 알도록 도와주면서 배려를 할 수 있는 마음의 여유를 키워주는 게 중요합니다. 이런 면에서 배려와 양해의 적절한 쓰임새를 알 필요가 있을 것 같습니다.

/ Chapter • 02 /

부모들이 착각하는 '배려'와 '양해'의 함정

우리 부모들은 의외로 배려에 대한 생각을 많이 합니다. 그런데 좀 더 깊이 파고들면 내가 남을 배려해야 하는 것과 남에게 양해를 구하는 상황을 구별하지 못하는 경우가 많습니다.

아이가 공공장소에서 뛰어다니며 소리를 지르고 시끄럽게 할 때, 주변 어른들이 제지하면 부모는 기분 나빠합니다. 지적을 받아서도 그렇지만, 그까짓 것도 이해 못하냐고 기분 나빠하는 것도 있지요. '아이들이 다 그럴 수 있지. 뭐!'라는 생각에서요. 물론 아이들은 다 그럴 수 있지만 그렇다고 묵인할 부분은 아닙니다. 속 좁게 아이들을 이해 못하냐고 할 수 있지만, 이런 마음은 그 상황의 피해자나 제3자의 경우에나 가능한 것이지, 피해를 주는 사람이 요구할 수는 없는 일입니다. 피해를 주는 사람은 당당하게 배려를 요구할 수 없습니다. 오히려 죄송해하면서 양해를 구해야지요.

당당하게 "애들이 다 그럴 수 있지!"가 아니라 "죄송합니다. 우리 애가 좀 활달해서요. 주의 시키겠습니다. 양해 바랍니다."라는 태도여야 합니다. 배려는 어떤 일이 생겼을 때, 내가 '자비(?)'를 베풀 수 있는 위치에서 가능한 것입니다. 양해는 남에게 피해를 주거나 불편을 끼치는 상황에서 상대방에게 부탁하는 것입니다. 그런데 현실에서는 이것이 뒤죽박죽된 경우가 많습니다. 무조건 다른 사람들이 나에게 배려해야 한다고 생각하는 경우도 많습니다. 특히 스스로 힘들다고 여길 때나 약자라고 생각할 때는 무조건 주변에서 배려해야 한다고 생각합니다.

아파트에서 종종 소음 때문에 이웃 간에 말다툼이 생깁니다. 물론 서로 이해하지 못해서 생기기도 하지만, 대부분이 배려와 양해를 오해해서 일어납니다. 아이가 너무 뛰어서 시끄럽다고 아래층 사람이 이야기하면 위층 사람은 이것을 기분 나쁘게 받아들입니다. 애를 키워본 사람이 왜 그러냐면서요. 그래서 주거니 받거니 하다 감정이 격앙되지요. 하지만 아파트에서 아이들이 뛰는 것은 이해해줄 일이 아니라 무척이나 죄송한 일입니다. 미리 가서 사정을 말하며 양해를 구할 일이고, 이웃이 별 소리 없이 넘어가면 '당연한 것'이 아니라 '감사할 일'입니다. 그리고 아이에게 아파트에서 뛰지 못하게 하는 대신 바깥에 나가서 열심히 활동할 기회를 줘야 합니다. 즉 남에게 피해를 주지 않게 하면서 그것을 대신할 대안(나가서 노는 것)을 생각해야 한다는 것이지요.

배려와 양해가 구분이 안 되면 누가 화를 내야 하고 누가 달래야 하는지도 구분되지 않는 일이 생깁니다. 전철 안에서 우리 아이가 남에게 피해를 주고 있다면 아이의 행동을 제지하며 죄송하다고 말하고, 아이에게도 죄송하다고 말하도록 시켜야 합니다. 이런 부분을 신경 쓰지 않으면, 아이들이 전철에 타자마자 자리에 앉겠다며 다리 아프다고 징징거릴 수도 있습니다. 자리에 앉아 있는 사람이 어른이라 하더라도 무척이나 다리 아픈 사람일 수도 있지 않을까요? 아이가 좀 서 있을 수 있습니다. 이제 막 걸음마를 배우는 어린아이라면 모를까요.

부모와 자녀 관계에서도 배려와 양해는 많이 혼재되어 있습니다. 이 두 가지가 100% 명확하게 구분될 수는 없겠지만, 어느 정도 선을 그을 수 있어야 하는데, 이때 가장 방해되는 것이 부모의 감정입니다. 부모가 되어 아이를 키우는 것은 하늘이 준 선물이기도 하지만 무척이나 힘든 일이기도 합니다. 부모는 아이들을 통해서 웃기도 울기도 하는 감정의 출렁임을 많이 느끼게 됩니다. 그런 가운데 아이들에게 쏟는 열정이나 시간들이 힘들다 보면 나 자신을 돌아보게 되고 탈출하고 싶은 마음이 듭니다. 충분히 그럴 수 있습니다. 하지만 주변에게서 이해받고 싶은 감정이 배우자만이 아니라 아이들에게까지 들게 됐다면 문제가 생깁니다. 부모는 아이들에게 짜증을 내고 야단을 치면서 "왜 너희들은 날 힘들게 하니? 다른 집 아이들은 안 그런데!" 식의 말을 하게 됩니다. 아이들이 나를 '배려'하지 않는다고 서운해하는 것이지요. 그 힘든 마음은 이해되지만 이것은 아이들에게 어른의 상황을 눈치껏 알아주길 당당히 바라고 있는 것입니다. 양해를 구하기보다는 왜 배려하지 않냐면서 말입니다.

어릴 적부터 부모를 배려하면서 자란 아이들은 부모가 되면 자기 아이들에게 똑같이 배려를 요구합니다. 그렇지만 부모라는 위치에 대한 의무감은 있기 때문에 나중에는 '자기 부모도 배려하고 아이들도 배려하는' 코너에 몰린 느낌이 들게 됩니다. 탈출하고 싶은 생각이 굴뚝같고, 나를 배려해주는 사람이 없다는 느낌이 들지요.

하지만 부모가 아이들을 '자신을 배려해줄 수 있는 존재'로 생각하면, 조금이라도 아이들을 위해 뭔가 할 때 생색내게 됩니다. "내가 바쁜데도, 힘든데도 해줬다. 그러니 고마워해라."는 식이 됩니다. 이런 태도는 무척이나 자기중심적이지요. 아이들에게 당연히 해줘야 하는 부모의 의무로 보기보다는 '안 해도 되는데 해주는 것'으로 여긴다는 것이지요. 그러다 보니 아이들이 놀아달라고 요구하면 "안 돼. 너 지금 엄마(아빠)가 뭐하는지 안 보여?"라고 야단을 치게 될 수 있습니다. 이것은 부모가 양해를 구해야 하는 위치인지 배려를 요구할 위치인지를 잘 구분하지 못하는 행동이지요. 아이들은 당연히 부모에게 놀아달라고 요구할 권리가 있습니다. 그렇다면 부모는요? 아이와 못 놀아줄 상황이라면 '양해를 구해야' 합니다. "미안하다. 엄마가 지금 설거지를 하고 있어서 당장 못 놀아주겠네. 이해 좀 해줘라."라고 말해야 하지요.

이것이 구분되지 않으면 아이들이 부모를 배려하는 위치가 되어 자신의 욕구를 제대로 채우지 못하게 됩니다. 부모가 보기에 언뜻 말 잘 듣는 아이, 순한 아이, 편한 아이일 수 있지만, 이것이 오랜 기간 지속된다면 아이의 정서적인 발달에 치명적일 수 있습니다.

그렇다고 아이에게 다 맞춰주라는 소리가 아닙니다. 모든 것을 아이에게 맞추고 양해를 구하면 왠지 부모의 권위가 없는 것 같고, 끌려다니는 느낌이 들어서 올바른 부모의 모습이 아니라고 생각할 수도 있습니다. 그렇다면 부모 자녀 관계에서 어떤 태도와 모습을 띠어야 할지 생각해보십시오. 어떻게 보면 이것은 예의에 대한 부분일 수도 있습니다. 서로 이러한 예의를 갖추면 가정에서 시작된 이 태도는 사회적인 상황으로 이어지게 됩니다.

애가 매번 배려 받다 보면 버릇이 된다구요? 사실 아이가 어릴수록 부모가 더 많이 노력해야 하고 그에 따라 양해를 구할 일들도 많습니다. 그렇지만 아이가 성장하면서 점점 배려와 양해를 적절하게 배워서 사용할 수 있습니다. 무조건 성장한다고 되는 것이 아니라, 어릴 때부터 충분한 사랑과 관심 속에 자라고 배려를 덜 요구 받아야 가능합니다. 배려를 받아 본 아이가 남을 배려할 줄도 압니다.

요즈음 사회적인 분위기는 '부모가 자녀 앞에서 당당하라.'는 것입니다. 당당하다는 것은 자신의 위치에서 해야 할 일들을 해나가면서 이루어져야 합니다. 부모가 이것을 잘못 알고 당당함이 '당연히 했어야 하는 일을 생색내는' 상황이 되고, 아이들에게 '내가 이만큼 해줬으니까 너희들은 이제 갚아라.' 식의 태도가 되어서는 안 됩니다. 무조건 부모라는 위치에서 벗어나려 하고 그것이 자아를 실현하는 길처럼 여기는 것도 문제가 있습니다. 어느 정도 시간이 흘러 아이들이 독립할 수 있는 나이(신체적인 돌봄에서 어느 정도 독립할 수 있는 나이는 중학교에 들어가기 전, 전반적인 책임은 고등학교 졸업 무렵)가 되면 자신을 위한 시간을 쓰십시오. 물론 그전에는 아무것도 하지 말라는 말은 아닙니다. 이때는 당당함이 아니라, 양해를 구해야 하는 태도와 마음가짐이 필요하다는 것입니다. 두 살 이후부터 조금씩 아이는 부모를 떠나는 연습을 하고 있기 때문에 부모 역시 아이가 멀어지는 만큼 내 것을 가지면 됩니다.

부모의 진정한 권위는 어디서 비롯되는 것일까요? 아이가 내 말을 잘 듣는다고 부모의 권위가 있는 걸까요? 부모의 진정한 권위는 아이 마음속에 있습니다. 부모 말이 무서워서 아이가 말을 듣는다면 이것은 부모의 권위를 인정하는 것이 아니라 압력에 대한 반응이겠지요. 서로 존중하면서 배려하고 양해를 구할 줄 아는 사이여야 진정한 권위가 생깁니다. 진정한 권위는 서로가 존중하며 받을 때 가능합니다.

<u>부모만이 해줄 수 있는 관심, 사랑 등을 주는 것이 부모 역할이기에 아이에게 사랑을 주고 관심을 갖는 것은 생색낼 일이 아닙니다.</u> 우리가 그것을 줄 수 없는 상황에 부딪쳤을 때 미안해하고 양해를 구할 줄 아는 부모가 진정한 권위를 가진 부모일 것입니다. 그래야만 아이 역시 미안한 상황에 미안해할 줄 알고 감사할 상황에 감사할 줄 알게 됩니다.

/ Chapter • 02 /

아이의 성장 시기별로
사랑 표현이 달라진다

아이가 커갈수록 사랑의 본질은 변함이 없더라도 사랑의 모양새는 달라져야 합니다. 그렇다면 부모가 아이의 발달 상태를 잘 아는 것이 얼마나 도움이 될까요? 사실 발달 상태를 잘 안다고 부모 노릇을 모두 잘하는 것은 아닙니다. 아이의 발달 상태를 잘 몰라도 아이를 정말 제대로 파악하고 있으면 '아이의 변화에 대한' 부모의 반응도 민감해집니다. 자연스레 발달에 따른 적절한 태도를 보이게 되지요.

따라서 도덕적인 발달을 위해서 신경 쓰는 것이 아이의 정서, 신체, 사회적, 인지적인 발달을 함께 신경 쓰는 것이 될 수 있습니다. 도덕성과 정서적인 부분의 균형이 중요하다고 앞에서 이야기했습니다. 그렇다면 구체적으로 정서적인 부분을 어떻게 채워야만 균형이 맞을까요?

많은 부모들이 내 아이에게 신경을 많이 쓴다고 생각합니다. 그렇지만 애를 쓰더라도 아이의 발달 과정을 고려하지 않는다면 노력의 방향이 엇나가고 맙니다.

그러므로 여기에서는 아이의 정서 사회적인 부분을 중심으로 해서 일반적인 발달 과정에 대해 이야기해보겠습니다. 다른 부분도 다루면 좋겠지만 이 책의 취지는 아이의 전반적인 발달을 다루는 것이 아니라 아이 발달의 흐름을 짚어 보기 위함입니다. 이 흐름을 알고, 이를 우리 아이에 맞춰 적용해야 합니다.

태어나서~돌 전까지

출생에서 1년까지는 신체적으로 가장 빠른 성장을 보여주는 시기이지만, 언어적인 발달은 신체 발달에 비해 저조한 편입니다. 세상을 배워가는 시기이기 때문에 개월 수가 늘어갈수록 아이의 관심 영역이 넓어지지요.

<u>이 시기 아이에게 가장 중요한 관심은 사람이 내 곁에 있느냐 하는 것입니다.</u> 아무나가 아니라 아이에게 의미 있는 사람, 아니면 지속적으로 아이의 양육을 책임질 수 있는 사람, 지속적으로 아이 곁에 머무르는 사람이 중요합니다. 이 시기는 신체적인 돌봄이 가장 많이 필요할 때이며 아이는 이를 통해 세상을 안심할 수 있는 곳으로 인식합니다.

그만큼 사람과 어떻게 만나느냐에 따라 아이가 세상을 인식하는 것

이 달라집니다. 그래서 이때의 사랑은 즉각적이고 충분하게 쏟아붓는 것이 필요합니다.

즉 아이가 울 때 되도록 왜 우는지 이유를 찾아 빨리 반응해주는 것이 사랑입니다. 많이 안아주면서 포근함을 느끼게 하고 피부 접촉으로 안정감을 주도록 해야 합니다. 우유를 먹이더라도 안아서 먹여야 하고 부모의 웃는 얼굴을 아이에게 자주 보여주는 것이 중요합니다. 아이를 방에다 누이지 않고 하루 종일 안고 있으라는 말은 절대 아닙니다. 그것은 아이가 누워서 활발하게 움직이며 얻을 수 있는 여러 가지를 못하게 막는 셈입니다.

아이가 TV나 오디오, 영어테이프, 책 등에 노출이 되는 것은 최소한으로 줄여야 하는데, 이러한 것들을 보여주는 게 부모 노릇이라고 생각하는 것은 착각입니다. 많은 부모들이 아이가 아주 어릴 때부터 인지적인 자극을 줘야 한다고 믿고 있는데, 이것보다 더 중요한 것은 부모와의 즐거운 만남입니다. 아이와 같이 웃으십시오. 함께 짝짜꿍, 도리도리를 할 수 있고, 말이 되든 안 되든 아이의 옹알이에 반응하면 됩니다.

이때는 아이를 통제하는 부분이 최소한이어야 합니다. 물론 다른 사람의 머리를 잡아당기거나 남의 것을 잡아당기는 행동들은 제지되어야 하고, 모임 장소에서 아이가 울거나 방해하면 과감히 바깥으로 나와야 합니다. 아이에게 관심을 충분히 쏟으라고 해서 아이의 모든 것에 불안해하고 노심초사하라는 것은 아닙니다. 즐겁게 하되, 내가 안고 싶을 때만 아이를 안아주고 아이가 징징거릴 때 안아주지 않는다면 이것은 이기적인 사랑임을 염두에 두세요.

애착 형성은 돌 전의 가장 중요한 작업 중 하나입니다. 아이는 보통 생후 3개월 정도 되면 조금씩 자신을 봐주는 사람을 인식하고, 4~6개월 정도가 되면 다른 사람에게 낯가림을 보이기 시작합니다. 이것은 애착 대상과 타인을 구분하는 작업입니다. 자신을 잘 돌봐주는 사람(부모나 주 양육자)에 대한 애착이 점점 형성되는 것이지요. 물론 기질에 따라 순한 아이도 있고 아주 예민해서 낯가림이 심한 아이도 있습니다. 예민한 아이의 부모는 많이 힘들지요. 특히 아이가 부모(자주 봐주는 사람, 애착 대상)와 잘 떨어지지 않으려 할 텐데, 이것은 지극히 정상적인 반응입니다. 아이가 분리 불안을 보인다고 문제로 여기지 마십시오. 분리 불안을 없애려 하지 마십시오. 오히려 문제를 만드는 행동입니다.

생후 1년 무렵에는 부모가 얼굴을 찡그리거나 제지하는 말 혹은 야단치는 말을 하면 아이는 순간 행동을 멈춥니다. 부모가 못하게 하면 아이는 부모가 싫어한다는 신호로 받아들이기 때문에 행동을 조금씩 통제할 수 있게 됩니다. 이것이 도덕성 발달의 기초가 됩니다.

돌 후~만 3세 전후

이 시기 아이의 가장 큰 특징은 걷기 시작하면서 활동양이 무척 많아진다는 것입니다. 활동양이 많아지기 때문에 다치기 쉽고, 당연히 부모는 아이를 많이 통제할 수밖에 없는 시기입니다. 아이의 낯가림도 조금씩 사라지기 시작합니다. 감정 표현도 다양해져서 애교를 부리기도 하고 어리광이나 떼쓰는 일이 생깁니다. 순하다고 생각했던 아이가 떼를 쓰면 부모는 상당히 당황하게 됩니다. 아이 성격이 변했나 싶어서 말입니다. 하지만 이것은 늘어난 요구상황이 받아들여지지 않을 때 보이는 아이의 반응입니다. 표현의 한 방법이지요. 이때 아이의 짜증이나 떼쓰는 원인들을 적절하게 풀지 못하면 관계가 과격해지기도 합니다. 그러므로 아이가 짜증 부리고 떼를 쓴다고 매를 들거나 야단을 치는 것은 오히려 근시안적인 접근 태도입니다.

이 시기의 아이들은 활동양이 많아진 만큼 세상 구경을 하느라 여기저기 움직이려 합니다. 실제로 아이가 많이 움직여야만 신체, 정서, 인지적인 발달이 함께 이루어집니다. 꼭 아이를 바깥에 데리고 나가고, 할 일이 없어도 여기저기 다녀야 하는데, 부모 입장에서는 이 과정이 상당히 힘듭니다. 그래서 되도록 집안에서 할 수 있는 인지적이고 창의적(?)인 활동들, 예를 들어 종이 오리기나 만들기 등을 주로 하려고 하지요. 아이와 할 일 없이 돌아다니는 것보다는 나을 것 같다는 생각에 말입니다. 그러나 이러한 것들은 아이를 제대로 돌보는 것이 아니라 방치며 통제입니다.

아이와 함께 나가서 신 나게 걸어 다니고 아이가 이것저것 보고 자연을 만질 수 있는 기회를 많이 만들어주십시오. 물론 부모는 힘들겠지요. 하지만 지금 하지 않으면 아이의 이 에너지가 나중에 산만함으로 나올 수 있고 짜증이나 과격함으로 표현될 수 있습니다. 아이의 욕구 충족이란 바로 이런 것입니다. 몇 시간이고 나가서 아이와 신 나게 노십시오. 그러면 아이가 떼쓸 때 어떻게 해야 할지 고민할 일도 줄어들 것입니다.

이 시기에는 아이들이 더욱 많은 사회적인 접촉을 가지려 합니다. 누군가와 같이 있고 싶어 하고, 놀고 싶어 하고, 자기 이야기를 들어줬으면 하고 바랍니다. 2~3세 아이들은 현실과 환상을 잘 구분 못하는 모습을 보입니다. 이 환상은 지적 발달과 사회성 발달의 수단이 되기 때문에 무조건 현실적으로 접근해서는 안 됩니다. 인정을 해줘야 하는 시기이지요.

2세 이후에는 고집이 세집니다. 이럴 때 부모들은 아이의 고집을 몹쓸 것으로 여기고 꺾으려 들기도 합니다. 이제부터 부모가 권위를 가지고 통제해줘야 한다면서 말이지요. 사실 이 고집 때문에 부모와 아이들이 많이 부딪칩니다. 천사 같았던 엄마들도 아이의 고집이 세지는 시기가 되면 '악만 남은, 목소리 큰 악마'로 변합니다. 그래서 엄마들은 "예전에 나는 안 그랬는데, 쟤 때문에 내가 변했어요!"라며 속상해하지요. 사실 아이들이 고집들을 피우기 시작하면 무척이나 힘듭니다. 하지만 아이가 고집을 부리기 시작하면, 사랑의 그릇이 변할 때라고 생각해야 합니다. 그전에는 무조건 사랑을 쏟아주었다면, 이제는 조금씩 절제의 미덕을 발휘해야 합니다.

예를 들어 이 시기의 아이들은 혼자 뭔가를 해보려 하고, 부모의 도움을 받지 않고서 이것저것을 시도합니다. 이 말만 보면 좋은 것처럼 보이지만 막상 구체적인 상황으로 들어가면 너무나 힘든 일들이 많습니다. 예컨대 고층 아파트에 사는 집이라면, 아이는 걸어 내려오려고 하고 부모는 엘리베이터를 타고 가고 싶어하는 일도 생깁니다. 밥을 빨리 먹고 나와야 하는데 아이는 혼자서 먹겠다고 숟가락질을 하고 있습니다. 유치원을 가는 데 걸맞지 않은 옷들을 고릅니다. 이런 것들을 과연 통제해야 하는지 그냥 두어야 하는지 부모는 혼란스럽고 힘들기도 합니다.

이럴 때는 기본적으로 아이를 수용하려는 마음이 필요합니다. 어떻게 통제할 것인가가 아니라 어떻게 수용할 것인가를 고민해보십시오. 그러면 오히려 통제하려 할 때 잃는 것보다 훨씬 더 많은 것을 얻게 될 것입니다. 무슨 이야기냐고요? 평소 시간 제약이 덜한 때에 편안하게 아이를 수용해주는 것입니다. 예를 들어, 아이가 바깥에 나갈 때 물건을 잔뜩 들고 가려고 고집부리는 상황도 허용하고 말입니다. 그러다가 엄마가 힘들 때는 약간의 허용 뒤에 지혜를 발휘하는 것이 필요합니다. 아이의 고집을 무조건 막지 말고 천천히 허용하면서 이것저것 두고 갈 물건이 없는지 물어보는 것이지요. 그러다 보면 아이는 엄마가 자신을 막는다는 느낌이 없어져서 자연스럽게 죄다 움켜쥐고 나가려는 태도를 덜 보입니다. 물론 상황이 여의치 않을 때는 어쩔 수 없지만, 중요한 것은 아이의 고집을 들어주려는 태도입니다.

무조건 통제해야 하는지 말아야 하는지로 접근하면 아이의 행동 대부분은 통제해야 하는 것으로 인식되기 쉽습니다. 왜냐하면 이 시기의 아이 행동은 이성적이거나 합리적이지 않고 무조건 자기 마음대로 하려는 경향이 크기 때문이지요. 여기서도 도덕적인 부분이나 남에게 피해되는 상황만큼은 제지해주어야 합니다. 아이의 고집을 허용할 때도 '이 정도면 내 입장에서 많이 들어줬다.' 식의 태도는 피하는 것이 좋습니다. 아이가 상처 받을까 봐 들어주고, 시끄러워서 들어주다 보면 부모 입장에서는 아이의 요구를 많이 들어준 것 같습니다. 하지만 매번 실랑이를 하다가 들어주기 때문에, 정작 아이는 부모가 날 받아줬다는 걸 못 느낄 때가 많습니다.

이 시기 아이에게는 대소변을 가리는 중요한 과업이 있습니다. 우리나라가 세계에서 가장 빨리 대소변을 가리게끔 하는 나라라는 기사를 읽은 적이 있습니다. 우리는 무조건 아이가 빠르면 좋게 여깁니다. 그래서 빠름을 증명하기 위해서 대소변 가리기를 일찍 시도합니다. 그러다 보니 대소변 스트레스를 받는 아이들도 많이 봅니다. 대소변 가리기는 아이의 발달 상황을 보면서 시도해야지, 내가 시킨다고 무조건 되는 것은 아닙니다. 우선 아이가 대소변을 가릴 정도로 자랐는지 확인해보십시오. 낮잠을 잘 때 기저귀를 적시지 않는 기간이 일주일 이상은 되어야 대소변을 가릴 수 있는 신체적 준비가 된 것입니다. 이때 주의할 것은 대소변을 실수할 때 무척이나 큰 잘못을 한 것처럼 심하게 야단치면 안 된다는 것입니다. 이것은 아이에게 수치심과 죄책감을 심어주게 됩니다. 어떤 아이는 빨리 가리지만 어떤 아이는 조금 느릴 수 있다는 것도 염두에 두십시오. 무조건 빠른 것보다 적기에 가리는 것이 아이에게 더 도움이 됩니다.

아이들은 이때부터 조금 딱딱한 음식을 먹기 시작합니다. 그러면서 점점 어른들이 먹는 음식들을 먹을 수 있게 되지요. 그런데 영양가만 따져서 아이에게 음식을 먹이는 부모들이 많습니다. 아이가 제대로 먹어야만 키도 크고 두뇌 발달이 되기 때문에 부모라면 누구나 아이를 잘 먹이고 싶은 마음은 있습니다. 그런데 아이의 식성이나 양을 간과한 채 무조건 부모가 먹이고 싶은 양이나 종류를 주면 음식으로 인한 실랑이가 잦아집니다. 아이를 굶겨도 보고 여러 방법을 써도 제대로 되지 않습니다. 아이의 편식을 고치려 하다가 오히려 편식이 더 고질화되고 음식 거부까지 이어지기도 합니다. 부모는 아이의 성장에 대한 불안이 있기 때문에 실랑이를 포기할 수 없겠지요. 그러나 좀 길게 보면 이것은 부모 마음만으로 할 수 있는 일이 아닙니다. 아이의 양과 좋아하는 음식을 인정해주면서 실랑이를 줄여야 합니다. 그러다 보면 아이는 조금씩 음식에 대한 거부감이 사라지고 다양한 음식을 찾게 될 것입니다.

실랑이가 많아지면 음식만의 문제가 아니라 정서적인 문제로 옮겨집니다. 아이가 음식으로 자신의 감정들을 표현하고 있음을 부모는 빨리 알아채야 합니다. 음식이 아이의 감정과 연결되어 있다면, 편식도 처음에는 허용하면서 조금씩 거부하지 않을 정도로 놀이를 통해서 자연스럽게 접근해보십시오.

4세~5세 이후

아이는 신체 발달이 이루어져 움직임도 더 정교해집니다. 뭔가에 집중하는 시간도 조금씩 길어지지요. 배움에 대한 욕구도 보입니다. 가정에서 부모와의 관계가 안정되면서 친구관계로 관심이 넓혀져 갑니다. 친구관계의 폭이 조금씩 넓어지는데, 이럴 때는 아이가 친구들과 자주 만나는 것이 중요합니다. 다만 친구들과 노는 것을 재미있어하는 반면, 갈등이 생기기도 쉽다는 것을 염두에 둬야 합니다. 아이가 네 것, 내 것에 대한 사회적인 부분들을 배워나가는 시기이기도 하거든요. 친구관계에 대한 부분들은 뒤에서 더 자세히 다룰 것입니다.

이 시기에는 엄마와의 애착이 어느 정도 안정되면서 아빠에 대한 관심을 보이기 시작합니다. 물론 그 전에도 아이에게 아빠에 대한 관심이 전혀 없는 건 아니지만, 비중이 달라집니다. 이때 아빠의 역할이 적극적이면, 아이의 사회성은 가속도가 붙어서 발달해갑니다. 왜냐하면 아빠는 가정과 사회의 징검다리 역할을 하는 중요한 위치이기 때문입니다.

이때 아이는 엄마 아빠가 입는 옷이나 행동을 많이 따라 하려 합니다. 여자아이는 엄마 신발을 신거나 화장을 하려고 하고, 부엌일에 유난히 관심을 보이기도 합니다. 남자아이는 아빠처럼 바지 주머니에 손을 넣고 다니려 하거나 담배 피우는 시늉을 하고, 벨트를 하려는 등 모방을 많이 하지요. <u>아이가 부모의 행동을 모방하기 때문에 부모가 행동을 아주 조심해야 할 시기입니다.</u>

이 시기의 언어 발달을 보면 재미있는 일이 많습니다. 아이는 애매한 단어들과 무의미한 리듬을 대단히 좋아합니다. 예를 들어 아무런 의미가 없는데도 단어 중 첫 음을 길게 혹은 짧게 이야기하거나 높이는 식의 표현만 해도 아이는 까르르 넘어갑니다. 그리고 계속 이런 말을 되풀이해주길 바라지요. 아이는 말이 안 되는 말도 자주 합니다. 예를 들어 하늘에 뜬 반달을 보고 "내가 먹어서 저런가 봐." 같은 말을 하지요. 시간 개념이 제대로 있지 않기 때문에 "나는 수영을 잘해. 물에서 열 시간 헤엄칠 수 있어!" 같은 말들을 합니다. '어제'를 '옛날에'라고 표현하거나 시제도 정확하지 않습니다. 이러한 말이 거짓말 같고 허풍스럽기도 하고 때론 창의적인 표현 같기도 합니다. 그러므로 거짓말로 치부하여서 야단을 치거나, 창의적인 표현처럼 들린다고 '아이가 영재가 아닌가?'라고 착각하지 않기를 바랍니다. 그 대신 아이의 말을 잘 들어주면서 적절한 표현으로 바꾸어 대답하는 지혜가 필요합니다. 아이가 "옛날에~ 이렇게 했어."라고 하면 "어제 그랬어?"로 받아주는 식이지요.

이 시기 아이는 나눈다는 의미도 조금씩 배워갑니다. 이전 단계에서 부모와의 관계가 충분히 안정적이었다면 나누는 것도 조금씩 가능해집니다. 뿐만 아니라 아이는 자신이 해놓은 일에 대해 칭찬과 관심 받기를 원하고 여기저기 자랑하는 것을 좋아합니다. 이 시기에는 칭찬이 행동을 강화시키는 좋은 역할을 하지요.

아이는 형이나 누나(오빠나 언니) 혹은 주변에 자기보다 나이 많은 이웃을 무척이나 멋있어 합니다. 때론 그 형의 행동을 따라 하기도 하고 욕도 배우기도 합니다. 형의 마음에 들려고 먹을 것이나 장난감 등으로 환심을 사려 하지요. 심한 경우에는 자신이 하지 못하는 것에 대해 좌절하고 '나는 아무것도 못하는 아이'라며 무기력해지기까지 합니다.

그렇기 때문에 부모가 남과 비교해서 이러쿵저러쿵하는 태도는 이 시기에 특히 금물입니다. 물론 이 나이 이후에도 금물이지만 말입니다.

이때의 아이는 그냥 이기는 것을 매우 원합니다. 뭐든지 1등을 하고 싶어 합니다. 아주 쓸데없는 것에도 말입니다. 어떻게 이기든, 일단 이기면 좋아합니다. 부모가 져줘도 자기가 이기면 좋아합니다. 이때 부모는 아이에게 당분간 져주는 것도 필요합니다. 시간이 흐르면 아이는 이렇게 이기는 것에 의미를 두지 않게 됩니다. 그러나 어떤 아이는 초등학교 저학년이 되어도 이런 모습을 보이기도 합니다. 기질적으로 강한 아이일 수도 있지만, 집에서 '지는 것도 알아야 한다(세상은 냉혹한 것임을 배우게 하기 위해)'면서 게임이나 놀이를 할 때 조금도 져주지 않으면, 아이의 경쟁적인 모습이 오랫동안 남을 수 있습니다.

이 시기 아이들은 부모들이 좋아하는 인지적인 관심들도 늘어납니다. 같은 질문을 끊임없이 반복해서 묻고 "왜?"라는 말도 안 되는 질문이 꼬리에 꼬리를 물지요. 아이의 이런 모습을 세상에 대한 궁금증으로 이해하고 충분히 받아주려는 태도가 필요합니다. 대부분의 부모들이 자신이 아는 세상 지식을 알려주려고 지나치게 노력하고 뭔가 정형화된 학습을 시도합니다. 아이가 원한다면 상관없지만 그렇지 않은 경우라면, 부모의 의도대로 알려주는 것이 아이에게 과도한 간섭이 될 수 있습니다. 이 시기에는 아이에게 '학습지, 공부를 시켜야겠다!'란 생각은 미뤄두세요. 아이는 세상을 통해, 사람을 통해 배우는 것들이 매우 많습니다. 아이를 학습시키려는 것이 정말 아이를 위한 건지 아니면 주변의 흐름에 따라가지 않으면 불안해서 하는 것인지 곰곰이 생각해볼 필요도 있습니다.

　뇌를 연구하는 과학자들은 아이가 초등학교에 들어가기 전에 외국어 공부에 너무 매달리는 걸 우려하고 있습니다. 이 시기에 아이는 모국어에 대한 깊이 있는 발달을 하고, 뇌에 확고한 언어 방을 만듭니다. 아이의 뇌는 아직 모국어 기초를 닦고, 논리적이고 추리적 사고를 배우느라 바쁜데, 부모들은 여기에 외국어 교육을 덧붙이고 있는 것이지요. 아이의 뇌(전두엽)는 유치원 단계의 발달을 하는데 부모는 이 뇌에 초등학교 단계의 발달(측두엽 부분, 외국어 영역담당)을 주려고 노력하는 것입니다. 이처럼 뇌 발달 시기와 교육이 맞지 않으면 정서 장애를 유발할 가능성이 많아집니다.

　이 시기에는 아이가 원하는 바깥 활동을 실컷 하고 아이가 궁금해하는 것에 부모가 대답해주는 것으로 족합니다. 그런데 왠지 다른 집에서는 더 많은 교육을 하는 것 같고 우리 아이는 방치되는 느낌이 들기도 하지요. 그러나 이것은 방치가 아니라 진정한 사랑입니다. 아이에게 과도하게 공부를 시키는 것이 짐과 압력이 될 수 있습니다. 게다가 이것은 과도한 간섭입니다. 이때는 좀 더 아이의 의견이나 의사를 존중하려는 태도가 필요한 시기입니다.

초등학교 시절

아이의 초등학교 시절에 학습만 있는 것은 아닙니다. 이 시기의 아이들은 인격적인 성장을 많이 하고, 남과 나의 관계에서 배려와 양해를 제대로 배울 수 있습니다. 즉 <u>학습과 친구관계, 어른과의 관계 정립이 이루어지는 시기</u>입니다.

그런데 많은 부모들이 오로지 공부만 외칩니다. 그러다 보니 학습에 대한 부모와 아이의 갈등이 본격적으로 시작됩니다. 부모는 주변 흐름에 맞춰 아이에게 열심히 공부시키려 들고, 아이는 놀려고 합니다. <u>이 시기는 아이가 잘 놀고 잘 배우는 것의 균형을 맞추어 나가야 하는 시기입니다.</u>

초등 1학년은 학교에 적응하면서 좀 더 차원 높은 사회를 배워나가는 첫 단계입니다. 이때 아이에게는 글씨를 읽고 쓰는 것도 중요하겠지만 상황에 맞는 행동을 할 줄 아는 것도 중요합니다. 선생님의 지시에 따를 수 있고 친구들과 잘 지내는 태도들이 필요합니다. 이러한 것들이 되지 않으면 학교에서 지적을 당하거나 친구관계에서 힘들어지기 때문에, 학교가 재미없어질 수도 있습니다. 아이가 너무 자기를 내세우려 하거나 자기 마음대로 하려고 하면 힘들어지겠지요. 이러한 행동들은 유치원 때 어느 정도 마무리되어야 합니다. 절제와 융화가 필요한 시기입니다.

많은 부모님들이 이런 문제들을 성적으로 해결하려고 합니다. '성적이 좋으면 왕따를 당하지 않을 것이다. 자신감이 생길 것이다.'는 생각에 학습에 집중하지요. 그 결과 부모는 강압적인 태도로 아이 공부에 접근하게 됩니다. 부모의 학습 속도와 아이의 속도가 맞지 않으므로, 오히려 아이는 학습 거부감과 부모에 대한 거부감, 학교생활의 흥미 상실이라는 문제에 놓이게 됩니다.

이 시기의 아이에겐 학습기초를 쌓는 것도 중요하지만, 친구와의 친밀함, 사회적 상황에 대한 이해력을 키우는 것도 중요합니다. 모든 것들이 학습으로 가능할 거라는 환상을 가지지 않았으면 합니다. 하나가 전체를 좌지우지 하는 상황이 아닙니다. 부모가 학습에 지나친 욕심을 보이면 아이는 그 욕심이라는 바위에 짓눌립니다. 사회의 흐름이 학습이라는 목표를 향해 나가고 있다 하더라도, 이런 흐름을 아이가 버거워한다면 부모가 천천히 속도를 조절해주는 것이 필요합니다.

저학년은 아이들이 대근육을 사용한 활동량이 많은 시기이기 때문에 바깥에서 정신없이 놉니다. 틈만 나면 신 나게 놀려고 하지요. 이것이 아이에게는 더 중요한 일일 수 있습니다. 이 활동으로 사회의 한 일원으로 소속감을 느끼게 되고, 또 한 단계를 넘어가는 주춧돌이 될 수 있습니다.

고학년이 되면 놀이도 집단으로 하는 일정한 형태(예를 들면 농구, 야구, 축구 등)를 띄게 되는데, 만약 저학년 때 이러한 놀이 경험들이 부족하거나 제대로 되어있지 않으면 여기에 끼기가 힘들어집니다. 부모들의 잘못된 오해 중 하나는 우리 아이가 축구나 농구, 야구 등의 기술이 없어서 놀이에 끼지 못한다고 생각하는 것입니다. 그것도 한 이유일 수 있지만, 근본적인 이유는 저학년 때 집단 활동의 경험들이 쌓이지 않았기 때문입니다. 아무리 운동을 잘해도 자기 마음대로 구는 아이는 친구들 사이에서 어울리기 힘들다는 사실을 기억하십시오.

또한 이 시기 아이는 자신의 행동 결과를 외부에서 판단하는 것에 영향을 받습니다. 그렇기 때문에 칭찬이나 벌 등이 아이의 행동, 성격에 많은 영향을 끼칩니다. 무조건 아이의 행동을 변화시키려고 개입하는 것보다 아이의 행동을 인정하고 수용하는 자세가 필요합니다. 저학년일수록 고칠 부분을 먼저 지적하는 것이 아니라 잘하고 있는 것을 찾는 태도가 필요하고, 칭찬을 통해 행동을 변화시키려 노력하는 것이 더 효과적입니다.

/ Chapter • 02 /

아이의 고집과 독립이 나타나는 1춘기~4춘기, 부모는 어떻게 해야 할까?

이 시기는 신체적, 정서적, 감정적으로 변화가 가장 많은 시기입니다. 뿐만 아니라 기존에 받아들인 규칙이나 생각을 뒤집으려고 시도하고, 어른의 권위에 도전하는 시기이기도 합니다. 그러다 보니 아이가 고학년이 된 이후에는 많은 부모들이 긴장합니다. 그전에는 양육에서 부모 마음대로 하는 것이 통했지만 이제부터 점점 힘들어지는 것을 느끼기 때문입니다. 이전까지 부모의 통제를 엄격하게 받았던 아이들일수록 오히려 이 시기에 통제에서 벗어나고자 반항하는 모습을 보입니다. 신체적으로도 커지고 말투나 행동도 상당히 반항적으로 되기 때문에, 부모도 아이에게 조심스러워지는 때지요.

이 시기에는 친구관계가 상당히 중요합니다. 다른 어떤 때보다 친구와의 관계에서 인생의 의미를 찾습니다. 부모의 말보다 친구의 말이 더 크게 와 닿고 서로 영향을 줍니다. 부모 입장에서는 내 말의 권위가 이제 점점 사라져 간다는 생각에 씁쓸해지지요. 그러다 보니 아이와 자꾸 마찰이 생기게 되고 미워지기는 하는데, 그렇지만 뭔가를 해결해야 할 것 같은 느낌이 듭니다. 그러다 지치면 포기하고 싶은 마음이 저절로 생기지요.

어떻게 하면 이 시기를 잘 넘길까요? 우선 이 시기에 대해 정확히 이해할 필요가 있습니다. 대부분 부모들은 아이의 이 시기를 그냥 반항하는 시기라고만 생각합니다. 짜증을 많이 내고, 멋 부리기 시작하고, 이성에 대한 관심이 늘어난다고만 생각합니다. 아이들이 말대꾸를 하면 '사춘기구나!'라고 여깁니다. 그러다 보니 요즘은 사춘기가 초등학교 2학년에도 왔다고 하지요. 사춘기가 일찍 와서 더 힘들어진 걸까요? 아이가 일찍 사춘기를 겪으면 남들이 사춘기를 할 때 조용히 지나갈까요? 어떻게 보면 우리 인생은 사춘기의 연속일 수 있습니다.

사춘기란 무엇일까요? 사춘기는 키 체중이 발달하면서 2차 성징이 나타나고, 성적으로 성숙해지며 성호르몬의 분비로 남녀의 신체적인 특징들이 발달하는 시기입니다. 이러한 것들은 대부분의 부모들도 알고 있습니다. 그런데 이것만으로는 자녀들을 대하기가 쉽지 않습니다.

이 시기는 <u>아이가 가장 강력하게 주변으로부터 독립하려는 태도를 드러내는 단계입니다.</u> 사실 이러한 태도들은 아주 어린 시절부터 나타납니다. 사람은 자신의 존재를 외부에 부각시키려고 끊임없이 표현하는데, 이러한 표현들을 여기서는 편의상 1춘기~4춘기로 나타내려 합니다. 그럼 각 시기의 특징을 살펴볼까요?

제 1춘기

1춘기는 보통 2돌 전후입니다. 막무가내의 고집이 세지며, 앞뒤 상황을 따지지 않고 마음 끌리는 대로 행동을 하지요. 그러다 뭔가 제지가 있으면 무조건 떼를 쓰거나 울어버립니다. 그 대신 눈에 보이는 것(사탕, 껌 등 먹을 것)으로 아이를 달래면, 쉽게 달래지기도 합니다. 아이의 이러한 태도들을 무조건 나쁜 행동으로 치부하지 마십시오. '아이가 드디어 사람 구실하려고, 어설프지만 독립의 기초를 마련하려는 거구나!'라며 감사해야 합니다. 부모는 물론 힘이 듭니다. 아이가 움직임이 많아지고 활동을 더 하려 하기 때문입니다. 비가 오나 눈이 오나 무조건 바깥 구경을 하고 싶어하고, 절대 못할 일들을 제 손으로 무조건 해보려고 낑낑거리기도 합니다. 예컨대 유모차를 타지 않고 밀어 보겠다고 하고, 아무 곳에나 세발자전거를 가지고 가고 싶어합니다. 자기 것에 대한 애착이 생겨서 내 것에 강하게 집착하는데, 문제는 남의 것도 내 것처럼 군다는 거지요. 이때는 부모에게 놀아달라는 요구도 많이 합니다. 자기가 놀고 있는 모습을 잘 봐주길 바라기도 합니다.

이때 부모는 두 가지를 염두에 두어야 합니다. <u>첫 번째는 남에게 피해를 주지 않는 이상 되도록 이러한 상황을 충분히 수용해 주는 것입니다.</u> 아이를 데리고 바깥에 나가는 일이 힘겹다고요? 부모의 일이나 다른 용무 때문에 겸사로 나갈 경우 아무래도 시간적인 여유가 없습니다. 그래서 더 아이의 요구를 들어주기가 힘들고, 아이를 끌고 다니는 상황이 됩니다. 아이는 자꾸 떼를 쓰게 되고, 부모는 더 힘이 들게 되지요. 그러므로 평소 여유 있는 시간에 아이를 위해 밖으로 나가 활동하도록 노력해보십시오. 그리고 아이가 하고 싶어 하는 것을 하도록 두면 부모에게 힘든 일들은 줄어듭니다.

두 번째는 '내 것도 내 것이고 남의 것도 내 것인 상황'에 대한 개입입니다. 아이가 내 것에 대한 집착이 강해지는 시기이기 때문에 아이의 것을 함부로 뺏으려 하거나 장난으로 뺏어서 울리는 일이 없어야 합니다. 이와 더불어서 남의 것에 대해서는 철저히 구분해주는 태도가 필요합니다. 이 시기의 아이들은 다른 아이가 가진 과자를 뺏어먹으려 하거나 다른 사람의 가방을(아이는 장난감으로 여기고) 뒤지는 경우가 종종 있는데, 이러한 것들은 남의 것이기 때문에 제지해야 합니다. 아이가 울어도 할 수 없습니다. 상대방이 양해해주는 상황이면 조금 다르겠지만, 되도록 남의 것에 대해서는 엄격해야 합니다. 아이는 아무것도 몰라도 부모가 이것을 구분해줘야만 합니다. 다른 아이에게 과자를 나눠먹자고 부탁하는 것 이전에 우리 아이에게 꼭 해야 하는 행동입니다.

대신 이 시기에 자기 마음대로 하려는 아이의 행동에 대해서는 남에게 피해가 되지 않는 이상은 충분히 들어주려고 노력해보십시오. 이러한 과정 속에서 아이는 자신이 수용 받는다고 느끼고, 자존감을 세워 나갈 기초를 닦게 될 것입니다.

제 2춘기

이때는 미운 일곱 살입니다. 아이는 아무것도 모르고 막무가내로 행동했던 모습에서 조금 벗어납니다. 1춘기가 무조건 자기 욕구에 따라 마음대로 표현했다면, 이 시기는 주변 상황과의 관계 속에서 자신의 욕구를 표현합니다. 자신의 의사표현도 가능해지면서 이것저것 선택하는 경우도 많아집니다. 나름대로 이유를 말하면서 말입니다. 독립선언이 조금 더 구체적이 된다고 생각할 수 있습니다. 아이는 옷이나 학원, 갖는 것, 자는 것, 노는 것 등등에 자신의 목소리를 싣습니다.

그런데 왜 '미운 일곱 살'일까요? 다시 말해 하는 행동이 밉다는 것이지요. 왜 미울까요? 말을 너무 안 듣고, 아이가 얄밉게 굴면서 때론 부모를 무시하는 말들도 하거든요. 부모의 잘잘못을 따지면서 말입니다. 이때 아이들은 "왜 엄마 마음대로 해? 내 마음은 없어? 엄마는 왜 안 해? 왜 나만 해야 돼?" 같은 말들을 가장 많이 합니다. 맞는 말이기도 하지만 따지듯 대들기도 해서 부모는 아이가 얄미운 순간이 한두 번이 아닙니다. 아직 아이는 상황에 따라 해야 할 말과 말아야 할 말들을 구분하지 못해서 부모가 난감할 때도 많지요. 옆집 아줌마에게 "왜 아줌마는 뚱뚱해요? 왜 못생겼어요?", "이 집은 왜 이렇게 지저분해요?" 등의 말들을 함부로 하기 때문에 부모가 당황하는 일도 생깁니다. 하지만 아이가 이렇게 말하는 것이 이 시기의 특징입니다.

<u>이때 부모는 '아이가 놀자는 형태로 놀아주는 것'과 '부모가 정해서 이것저것 시키지 않는 것' 두 가지를 유념해야 합니다.</u>

부모가 미리 정해서 부모 원하는 대로 하게 될 경우, 아이는 미운 짓을 계속하게 될 것입니다. 아이의 미운 짓은 자신의 의사를 존중해주지 않음에 대한 항거이기도 하기 때문입니다. 그래서 뭐든 아이에게 물어 보면서 해야 합니다.

아이에게 물어본다는 것은 그 아이를 존중한다는 것입니다. 그렇기 때문에 아이가 다른 사람을 존중하지 않는 말을 할 때는 '그렇게 이야기하면 상대방이 기분 나쁠 수 있다.'는 것을 조용히 가르쳐야 합니다. 그리고 부모가 아이의 의사와 상관없이 결정해야 하는 경우는 아이에게 양해를 구해야 합니다. 이런 과정들을 주거니 받거니 하다 보면 아이는 다른 사람을 존중할 바탕을 만들어가게 될 것입니다.

제 3춘기

초등학교 3~4학년 무렵입니다. 이때는 아이가 훌쩍 커버린 느낌이 듭니다. 아이는 어느 순간 다른 사람들을 평가하기 시작하고, 조금씩 어른들에 대한 허상들을 깨뜨리기 시작합니다. 그래서 뺀질거리는 느낌이 많이 들지요. 이전 단계에서 아이가 존중받는 연습이 되지 않았다면 이때 더 강하게 요구할 것입니다. 그러다 보면 아이와의 갈등 양상이 더 커지게 되지요. 그전보다 부모 가슴에 못 박는 소리도 많이 합니다. 가슴이 아픈 소리를 해서라도 자신이 받은 상처를 표현하는 것이지요. 자기주장이 점점 강해지기 때문에, 부모들은 아이에게 사춘기가 온 것이 아닌가 생각하게 됩니다.

이때부터 아이는 외부의 통제까지도 못마땅해 합니다. 특히 학교 선생님과 많이 부딪치는 시기입니다. 부모뿐 아니라 다른 사람들의 통제에도 독립하려 하지요. 선생님의 부당한 부분들을 좀 더 객관적으로 평가합니다.

이때 부모의 적절한 태도는 아이에게 간섭을 줄이는 것입니다. 간섭하고 통제하는 부분을 조금씩 줄이고, 뭔가를 정할 때 아이의 주장을 대화로 풀 수 있을 만큼 마음을 열어야 합니다. 이때 부모는 갈수록 아이가 나에게 떨어져 나간다는 느낌을 받습니다. 만약 부모와 자녀가 성숙한 관계를 맺으려고 노력해왔다면, 이런 느낌을 성장의 모습으로 받아들여 즐거워 할 것입니다. 그러나 성숙하지 못한 관계에 있는 부모는 무조건 서운해하며 부모 역할이 줄어드는 것에 대해 무능해지는 느낌을 받습니다. 하지만 이제는 자식을 향한 마음들을 서서히 자신과 부부에게 돌리도록 노력해야 할 시기입니다.

제 4춘기(제 2반항기)

초등학교 고학년 혹은 중학교 이후의 시기입니다. 많은 사람들이 이 시기를 질풍노도의 시기라고 하는데, 이때는 호르몬의 변화와 더불어서 심리적인 변화도 크게 드러납니다. 이전에 충족되어야 할 욕구들이 제대로 충족되지 못했다면, 이 시기에 커다란 폭발을 하게 됩니다. 이때는 뇌의 전두엽 역시 엄청난 속도로 변화합니다. 가장 큰 행동 특징은 다른 사람에 대한 논리는 상당히 정연한 반면, 자신의 행동에 대해서는 앞뒤가 맞지 않는 모습을 보인다는 것입니다. 자신은 화를 내도 되지만 부모나 다른 사람들은 화를 내지 않고 이야기를 해야 하는 식입니다. 자기는 마음대로 말해도 되지만, 다른 사람이 조금이라도 기분 나쁘게 말하면 무척이나 속상해합니다. 그리고 전혀 남의 말에 귀를 기울이지 않고 자신의 말만 합니다.

이때 아이가 제일 싫어하는 것이 '지적과 잔소리, 참견, 평가' 등입니다. 이 시기의 아이와 대화하다 보면 평행선을 달리는 느낌을 많이 받습니다. 아이는 부모가 권위로 자신을 설득하려 하거나 지적하는 느낌이 들면 무조건 방어태세로 돌변하기 때문에, 결국 서로 화를 내는 상황이 빈번해집니다. 아이가 화난다며 문을 쾅 닫는 일은 예사고 짜증도 빈번하게 냅니다. 부당하다는 생각이 들면 절대 참지 못하지요. 식구들과 뭔가 같이 하기보다는 친구와 같이 하기를 더 좋아합니다. 이 시기의 아이와 외식도 같이 하기 어렵고 친척집 방문도 같이 하기 힘듭니다. 남자아이들 같은 경우는 호르몬의 변화로, 신체 변화도 큰 과도기이기 때문에 아빠와 목욕탕 가는 일도 잠시 중단이 됩니다.

이 무렵에 많은 부모들이 갑자기 아이에게 관심을 보이고 대화를 시도하는 경우가 많습니다. 그러다 보면 아이와 계속 핀트가 맞지 않아 힘들어하는 일이 꽤 생기지요. 아이 입장에서는 '여태 관심 없다가 뒤늦게 왜 그러지?'라는 마음이지요. 그전부터 아이의 마음을 헤아려 보지 않았던 부모들은 이때 참담함을 느낍니다.

이 시기의 부모 사랑은 완전히 달라져야 합니다. 아이의 독립선언이

거의 막바지에 이르기 때문에, 우리가 사랑과 관심이라고 여기는 것들을 전혀 다른 모습으로 바꾸지 않으면 아이에게 간섭으로 보이기 십상입니다. 부모가 관심을 주고 챙기는 것이 이제는 아무 의미 없는 활동이 될 수 있습니다. 부모는 거의 모든 통제의 끈을 놓는 상태가 되어야 합니다. 내 고집은 접고, 아이의 처분만 기다리는 모습을 보여야 합니다. 이 시기의 아이에겐 해달라고 하는 것만 해주고, 관심을 보여 달라고 할 때만 관심을 보여주는 것이 더 효과적입니다. 부모 입장에서야 안아주고 싶고 아이가 뭘 하는지 알고 싶지만, 이것은 내 마음에 있는 사랑으로만 되지 않습니다. 아이가 거부하면 오히려 미안하다는 태도로 물러서야 합니다.

이때 부모는 아마 '내가 부모가 아니라 돈 주고 일해주는 도우미' 같은 느낌일 겁니다. 하지만 이 시기에는 그만큼 부모가 물러날 필요가 있습니다. 아이가 이야기할 때 들어주고 질문은 삼가십시오. 혹시 내 생각과 달라도 "넌 그렇게 생각했니?" 식으로 아이 생각은 인정해주고, "그래? 그렇구나. 그럴 수도 있겠네." 같은 태도로 접근하는 요령이 필요합니다. 아이에게 너의 생각이 틀렸다는 뉘앙스를 풍기는 순간, 아이는 감정이 상해서 트집 잡기가 시작됩니다. 부모는 훈계하는 태도를 버리고 아이의 말을 듣기만 하고, 어느 정도 분위기가 익었을 때 부모의 의견을 이야기하는 것이 효과적입니다.

또한 아이가 어떤 행동을 하기 직전이거나 하고 있을 때 아이를 위하는 마음에 재촉하거나, 잔소리를 하는 일은 정말 하지 말아야 합니다. 학원을 가려고 나가는데 빨리 가라고 하거나 공부를 하려고 방에 들어가는데 "시험이 얼마 남지 않았으니까 빨리 공부해!" 같은 말을 하면 '아무것도 하지 마라!'는 뜻과 다름없습니다.

종합해보면 1춘기에서 4춘기의 큰 맥락은 <u>아이가 자신을 바깥으로 드러내는 과정입니다</u>. 나는 남과 다르다는 독립선언을 하는 것이기 때문에, 이것이 함부로 다루어지지 않고 존중받기를 바랍니다.

앞서 살펴본 아이의 발달 단계를 이해하고 나면, 아이를 내 마음대로 대하지 않고 존중하는 데 도움이 되지 않을까 싶습니다. 존중은 경험을 해야만 가능합니다. 그래서 존중을 받으면서 자란 아이가 다른 사람도 존중할 수 있습니다.

부모가 아이의 독립선언을 잘 받아들이면 아이의 자율성이 자라게 됩니다. 자율성을 가진다는 것은 자신의 행동에 대한 책임도 진다는 것을 의미합니다. 부모가 아이의 발달 과정을 안다는 것은 아이를 '내 마음대로 키울 수 있는 것이 아니라' 아이 나름대로의 과정을 거친다는 것을 받아들임을 의미합니다. 부모는 발달 단계를 돕는 사람이지, 아이의 삶을 주도하는 자가 되어서는 안 됩니다. 2돌짜리의 아이를 6세처럼 교육하려 하거나 남들보다 똑똑하게 하려고 노력한다는 것은 아이의 발달을 무시하고 '아이는 백지 상태여서 내 마음대로 그릴 수 있는 종이'로 여기는 행위입니다. 아이는 내 마음대로 할 수 있는 종이가 아니라 인격이 있고 존중 받아야 할 존재입니다.

/ Chapter • 02 /

아이의 '지금'을 겸허히 받아들이자

　자녀를 사랑하는 표현이 모든 아이와 똑같을 수는 없습니다. 발달 단계가 어느 정도 정리되어 있다 해도 아이마다 조금씩 차이가 있으며, 환경적인 차이로 인해 어느 시기의 결핍이 있으면 신체적인 부분은 또래와 비슷해도 부족한 부분이 생기기 마련입니다.
　<u>아이들은 정서적인 부분만큼은 받은 대로 자랍니다.</u> 우리 아이가 어떤 부분이 부족하다고 느낍니까? 사회성이 떨어지는 것 같습니까? 또래들에 비해 생각과 행동이 어립니까? 고집이 지나치게 세서 학교생활이나 유치원 생활에 적응하는 데 어려움이 있습니까? 다 컸다 싶은데도 엄마와 떨어지는 것을 힘들어합니까? 준비물을 챙기지 못해 확인하는 행동이 빈번합니까? 욱하고 화를 잘 냅니까? 공부에 대

한 거부가 심하고 놀고 싶어 합니까?

초등학교 3학년인 진호는 아침마다 못 일어납니다. 엄마가 깨우면 멍하게 앉아 있고, 잔소리를 해야만 겨우 일어나는 시늉을 합니다. 매일 잔소리에서 시작해서 잔소리로 끝난다는 것이 부모를 화나게 만들었습니다. 진호를 야단쳐보고 달래도 보고 이것저것 다 해봤지만 별 효과가 없습니다. 진호를 보는 부모 마음은 속상하고 미래도 걱정되어서 불안했습니다. 그런데 상담을 해보니, 진호 부모는 진호가 조금만 정신 차리면 되겠다는 생각이 들었습니다. 이야기를 해보면 진호가 뭔가를 아는 듯했기 때문입니다. 한편으로는 멀쩡해 보이는 애가 왜 그런지 모르겠다는 생각도 들었습니다.

얼핏 보면 진호의 부모는 아이의 현 상태를 인정하는 듯합니다. 하지만 야단과 잔소리, 실랑이가 이어지는 모습을 보면, 아이를 인정하는 것이 아니라 아이의 현 상태가 단지 속상할 뿐임을 알 수 있습니다. 아이의 현 상태를 안다는 건 현재 정서적인 허전함이 무엇이고, 무엇이 이 문제를 불러왔는지 등을 파악하는 것입니다. 따라서 잔소리나 실랑이를 우선 중지하고 어떤 방법이 좋을지 고민해야 합니다. 현 상태를 알면 방법이 보이겠지요. 어쩌면 진호의 정서적인 연령은 유치원 수준일지도 모르겠습니다. 그러면 진호를 유치원 아이처럼 대하는 것이 진호를 인정하는 것일 수 있지요. 문제 원인도 파악하면서 말입니다.

아이의 상태를 제대로 안다면 사랑을 표현하는 방법도 달라져야 합니다. 무섭게 야단을 쳐서 문제 행동을 못하게 하는 것이 사랑일까요? 아이의 현 상태에 맞는 사랑의 모습은 부족한 것을 채워주고 제 연령대로 발돋움할 수 있도록 하는 것입니다. 당연히 또래들과 다르게 대할 수밖에 없습니다. 만약 나이가 9살이어도 엄마와 떨어지지 못하는 행동을 보인다면 아이에게 무조건 9살처럼 행동하라고 요구할 수는 없지요.

이럴 때 가장 큰 사랑의 원칙은 부족한 것을 채워나가는 것부터 시작하는 것입니다. 나이가 많든 적든 상관없이 부족한 걸 채워나가야만 자기 나이에 맞는 행동을 할 수 있습니다. 혹 문제가 심각하다고 판단되면 우선 전문기관을 찾아 아이 상태를 제대로 파악해서 방법을 찾는 것이 사랑입니다.

간혹 상담소에 고학년이나 중학생들을 만나면, 어릴 때 문제가 분명히 있었는데 부모가 괜찮으리라 생각하고 어영부영 시간을 보내다가 늦게 오는 경우를 많이 봅니다. 아이의 문제가 나아질 수 있다는 희망을 갖는 것이 나쁜 것은 아닙니다. 하지만 행동이 뒷받침되지 않는 막연한 희망은 오히려 절망을 가져오고 후회와 죄책감을 불러옵니다. 아이의 심각한 문제를 심각하게 보지 않는다는 것은 방치에 가깝습니다.

예를 들어 부모와 떨어지기 힘들어하는 아이들이 있습니다. 어릴 때 여러 이유로 엄마와의 애착이 불안정하거나 제대로 신뢰감이 형성되지 못했기 때문입니다. 그렇다면 아이에게 매정하게 떨어져 있는 연습만 시키는 것은 사랑이 아니라 자칫 학대일 수도 있습니다. 부모는 오히려 아이의 마음이 채워질 때까지 함께해줘야 합니다. 과잉보호처럼 보여도 이 아이에게는 이것이 가장 필요한 사랑일 수 있습니다. 아이의 마음이 어느 정도 채워지면, 아이는 스스로 조금씩 분리하려는 모습을 보입니다. 이때 분리 시도를 하면 됩니다.

말을 안 듣는 아이는 내면에 불만이 가득한 상태일 수 있습니다. 나름대로 불만을 표현하긴 하는데, 단지 적절하게 표현하지 못할 뿐이지요. 이런 아이의 행동을 고치느라 야단을 치는 것이 사랑일까요? 부모 마음은 사랑일 수 있지만 아이에게는 사랑이 아니라 간섭이며 야단이며 벌처럼 느껴질 것입니다. 불만이 가득한 아이의 겉모습만 보지 말고 속마음을 헤아려보세요. <u>버릇이 없어 보이지만 사실 사랑에 굶주려 있는 것입니다.</u> 말을 안 듣는 행동에 초점을 두기보다 아이가 인정받고 사랑과 칭찬을 받는다고 느끼도록 만드는 것이 아이에게 맞는 진정한 사랑입니다.

아이가 음식에 지나치게 집착하거나 편식하는 것도 알고 보면 나름대로 음식을 통해 자신의 존재를 드러내는 것입니다. 엄마가 아이의 식습관을 지나치게 억제했거나 억지로 원치 않는 음식을 먹이려는(키를 키우든 머리를 좋게 만들려고 하든) 데서 비롯되었을 수도 있고, 욕구의 부족을 드러내는 것일 수 있습니다. 그런데도 무조건 음식습관을 잘 들이기만 노력하는 것은 눈물겨운 노력일 수는 있어도 사랑이라 할 수는 없습니다. 원인을 파악하고 어떻게 그것을 풀어줄 것인가에 초점을 두어야 할 것입니다.

아이가 학습 거부를 심하게 한다면, 왜 학습 거부가 심한지를 파악하고 문제를 해결하는 것이 사랑입니다. 아이 성적에 신경을 쓰고 학습정보를 얻는 것이 부모의 관심이라 할지 모르지만, 이것이 오히려 아이를 짓누르는 행동일 수 있습니다.

결국 가장 중요한 것은 아이의 지금 상태를 받아들이는 것입니다. 지금 나이가 고1이라 하더라도 행동이 초등학생 수준이라면(지적인 문제는 없는데) 부모는 아이를 초등학생 수준으로 여기고 마음을 채워나가면서 문제를 해결해야 합니다. 혹 그것이 과잉보호처럼 보이기도 하고 버릇없이 키우는 것처럼 보일지 모르지만, 이것은 앞으로 과잉보호 하지 않아도 될 때를 기다리며 노력하는 모습인 셈입니다. 문제를 해결하려는 마음은 어느 부모나 사랑에서 시작되겠지만, 이것을 해결하는 방법에서는 사랑일 수도, 아니면 통제일 수도 있음을 명심하십시오.

부모의 사랑으로
더 행복해지는
아이의
유치원과 학교생활

Chapter · 03

부모 품에서 사회로
한 걸음 더 나아가는 아이를 위한
부모의 역할

/ Chapter • 03 /

왕따, 다툼, 아이의 친구관계에 어디까지 개입해야 할까?
－친구관계－

　요즘 뜨거운 사회적인 이슈 중 하나가 왕따입니다. 많은 부모들이 아이를 학교에 보내면서 우리 아이가 왕따를 당하지 않을까 하는 조바심을 내고, 무리에 속하는 법을 고민합니다. 아이를 몇 명씩 그룹 만들어 체험학습을 하거나 과외를 같이 하게도 하지요. 당연히 아이들 그룹의 엄마들도 함께 모여서 활동합니다. 물론 이러한 모임들이 친구관계를 유지하는 데 좋은 영향을 주기도 합니다.
　그런데 이런 모임에 스트레스를 받는 아이들과 부모들도 많습니다. 스트레스 때문에 엄마들 모임에서 빠지고 싶지만, 아이가 왕따가 될까 싶어 빠지지도 못하는 진퇴양난의 가슴앓이를 합니다. 심지어 이 모임이 아이에게 맞지 않음에도 아이가 소외될까 봐 참여하는 사람들도 있습니다.

　시작은 부모가 아이의 친구관계를 잘 만들어줘서 아이의 사회성에 보탬이 되려는 의도였지만, 이러한 노력이 빛이 나지 않으니 어떻게 해야 할지 모릅니다. 부모가 사교적이어야만 아이들도 사회성이 자랄 것이라 믿는 경향이 있어서, 덜 사교적인 부모일수록 불안감이 큽니다. 부모 때문에 아이가 친구를 못 사귀면 어떻게 하나 싶어서 말입니다.

　그렇지만 부모의 능력이 아이의 사회성 능력으로 이어지지 않는 경우들도 있습니다. 아이가 부모가 사귀었으면 하는 친구와는 사귀지 않고, 안 사귀었으면 하는 아이와 사귀는 경우도 있지요. 어떤 부모들은 부모의 능력을 십분 활용하여 친구관계를 제한하거나 다른 아이들과의 만남을 유도하기도 합니다. 과연 이러한 것들이 제대로 된 관심과 사랑일까요? 아니면 누구와 놀든지 상관없이 두는 것이 좋을까요? 참 고민스럽습니다. 그렇다면 어떻게, 어느 정도 아이의 친구관계에 개입해야만 간섭이 아닌 올바른 관심이 될까요?

친구는 우리 아이의 정서적인 거울

아이가 만나지 말았으면 하는 친구와 어울리면 부모는 너무나 속이 상합니다. 이 경우 많은 부모들이 아이와 친구를 어떻게 떼어놓을 수 있을지를 묻습니다. 아마 다음과 같은 경우 부모의 걱정이 늘 것입니다.

:: **다른 아이에게 끌려다니면서도 친구를 하려는 경우**

진수 친구는 자기 마음대로 하려고 합니다. 진수는 속상해하면서도 그 아이와 놀려고 합니다. 함께 놀다가 속이 상해 집에 와서 엄마에게 그 친구와 다시는 안 논다고 말해놓고, 그 다음 날이면 또 그 친구를 찾습니다. 엄마는 속이 터집니다. 바보도 아니고 왜 그 아이와 놀려고 하냐고요. 결국 진수 엄마가 그 친구와 놀지 못하게 하기 위해 진수를 설득도 하고, 야단도 쳐봤지만 잘 안 되었습니다.

:: **힘센 아이들과 친구를 하려는 경우**

찬호는 친구들이 힘자랑하는 것을 옆에서 보고 즐깁니다. 학교에서 친구들이 말썽을 피울 때면 찬호도 항상 그 자리에 있습니다. 찬호가 주동이 되어서 나쁘게 행동하는 것은 아니지만, 힘센 아이들과 많이 어울리다 보니 그렇게 되는 것이지요. 엄마 입장에서는 찬호가 친구들의 '꼬붕'인 것 같습니다. 도대체 배알이 있는지 없는지 너무 속이 상합니다. 찬호에게 그 친구들을 만나지 말라고 해도 만납니다. 찬호는 그 친구들이 좋다고 하네요. 대신 못 놀게 하는 부모가 밉다고 합니다. 이러다가 큰일이 날 것 같아서 부모는 속이 쓰립니다.

:: **지나치게 약한 아이들과 친구를 하려는 경우**

약한 아이와 친구하는 것이 무슨 문제가 되냐고요? 민지는 2학년입니다. 학기 초에는 다른 아이들을 잘 돌보는 것 같아서 선생님의 칭찬도 많이 받았는데 이것이 시간이 갈수록 문제가 되고 있습니다. 약한 친구가 뭘 못한다고 하면 민지가 대신해주느라 자기가 할 일을 못하는 것이지요. 또한 민지가 친구를 지나치게 챙기다 보니 그 친구는 누군가가 대신해주지 않으면 안 되는 문제가 생겼습니다. 친구를 돕는다기보다 마치 엄마처럼 친구를 대한다는 게 문제인 것이지요. 남들은 민지가 착해서 좋은데 뭘 그러냐고 하지만 학교 선생님과 부모의 생각은 다릅니다. 민지뿐만 아니라 그 친구에게도 도움이 되지 않기 때문에 걱정이 끊이질 않습니다.

:: 놀기만 하는 아이와 친구를 하려는 경우

요즈음은 대부분 아이들이 바쁘게 생활하기 때문에, 놀고 싶어도 놀 친구가 없다는 일이 자주 있습니다. 사실 부모 입장에서는 아이가 공부를 열심히 하는 친구를 사귀길 원하지, 놀기만 하는 친구를 사귀는 걸 꺼립니다. 아이 공부에 방해가 된다면서 말입니다. 그런데 아이는 노는 친구를 너무 부러워합니다. 부모는 놀기만 하는 친구와 어울리지 못하게 막아보지만 아이는 짜증만 부립니다.

:: 질이 안 좋은 아이와 친구를 하려는 경우

지나다니면서 물건을 툭툭 건드리고, 서 있는 차를 차보기도 하고, 욕도 서슴없이 쓰는, 어른이 보기에는 '큰일 났다' 싶은 친구와 어울리려 하는 아이가 있습니다. 아무리 못 놀게 해도 몰래 만나서 부모가 속이 상합니다.

왜 아이들은 이런 친구가 눈에 들어오고 함께 놀고 싶어 할까요? 단순히 사리 판단을 하지 못해서일까요? 친구는 아이의 정서적인 표현 거울로 생각하세요. 많은 부모들이 우리 아이는 괜찮은데 친구 때문에 우리 아이에게 문제가 생겼다고 생각합니다. 이런 생각도 일리가 있지만 언제나 그런 것은 아닙니다.

인정받고 칭찬 받고 싶은 아이는 약한 아이를 돌봄으로써 자신의 존재를 확인할 수 있습니다. 인정받고 싶은 욕구가 엉뚱하게 드러나면, 나쁜 친구들과 어울려서 자신의 분노를 겉으로 표현하려 듭니다. 자신이 주도적으로 나쁜 행동을 하지는 못하지만 다른 아이들의 행동들을 보면서 대리 만족을 하는 것이지요. 학습에 대한 부담이나 놀이 욕구가 충족되지 못한 아이들은 노는 아이가 너무나 부럽습니다. 놀고 싶은 욕구가 있는 거지요.

결국 <u>아이들은 자신의 욕구에 따라 친구들을 고른다고 생각하시면 됩니다.</u> 친구들을 먼저 떼어놓기 전에 아이의 상태를 먼저 파악해보십시오. 그리고 부모가 집에서 아이에게 인정과 칭찬을 하며 아이가 사랑 받는다고 느끼게 해주면, 자연스럽게 아이는 친구관계를 다시 만들어 나갑니다. 이런 것을 염두에 두지 않고 단순히 친구들과 못 만나게 하면, 머리가 큰 아이들은 오히려 반발심을 가지고 하지 말라는 짓을 더 하게 됩니다. 결국 부모 자녀 관계만 악순환이 될 것입니다. 집안에서 아이의 부족한 부분을 채우려는 노력을 기울이면서 친구에 대해 '왜 못 놀게 하는지'를 차근히 타이르거나 유도하는 방식이 좋습니다.

물론 이런 경우도 있습니다. 별 무리가 없는데도 부모의 욕심(예를 들어 공부를 못하는 아이는 안 되고, 가난한 아이는 안 되고, 맞벌이는 안 되고, 할머니가 키우는 아이는 안 되고, 장애가 있어도 안 되고 등) 때문에 친구관계를 조정하는 경우이지요. 이런 일들은 없었으면 합니다. 이것은 아이에게 어릴 때부터 사람을 차별하는 것을 가르치는 잘못된 태도라 할 수 있습니다. 아이가 원만하고 배려하는 모습으로 세상을 살길 원하지 않습니까? 아이들이 성장해서 어떤 모습이 될지 모르고 그 친구들도 어떤 모습이 될지 모릅니다. 서로 수용하는 것을 배워야만 제대로 된 인격을 갖게 되며 이것을 가르쳐주는 것이 부모의 몫입니다.

성장 시기별로 달라지는 부모의 개입

기본적으로 부모가 아이의 친구관계를 좌지우지 할 수는 없습니다. 다만, 아이의 발달 단계에 따라 조금씩 개입하는 정도를 조정할 수 있습니다.

2돌 전후에 아이는 바깥 활동을 하면서 또래들을 조금씩 접하게 됩니다. 사실 이때는 친구들과의 적극적인 어울림은 없으며 그냥 친구들을 좋아하고 만나는 수준입니다. 이때는 서로 자기 물건들을 챙기느라 여념이 없습니다. 이 시기 부모 사랑의 행태는 징검다리 역할입니다. 가족 이외의 새로운 사람들은 만날 수 있도록 자주 바깥에 나가는 것입니다. 바깥 활동이 잦아지면 아이는 조금씩 사회에 나가는 기초를 만들 수 있습니다.

이때는 친구들과 노는 데 무척 미숙한 시기이기 때문에 친구와 장난감 등의 이유로 격한 싸움이 있을 수 있습니다. 그런 일을 미리 막는 것도 부모의 할 일입니다. 내 아이가 울었다고 상대편의 아이를 미워하거나 지나치게 맘 상해하지 않는 마음가짐도 필요하지요. 중요한 것은 아이에게 배려를 가르치느라 친구에게 장난감을 나눠서 쓰도록 너무 강요하지 않는 것입니다. 이때의 아이는 배려가 힘들기 때문입니다. 아이에게 "친구와 나눠서 쓰는 것이 어때?"라고 물어볼 수는 있어도, 강압적으로 뺏어서 나눌 수는 없습니다. 이런 일이 잦아지면 아이는 그 친구를 만날 때마다 더 자기 물건을 움켜지고 욕심을 부릴 수 있습니다. 단, 아이가 친구나 다른 사람들에게 자기 마음대로 행동해서 피해를 준다면, <u>이를 되도록 단호하게 제지해야 합니다.</u> 놀이터에서 사회적인 기술을 가르치는 것입니다. 이때는 아이가 엄마와 같이 있으려는 시기라서 '친구하고만 노는 것'이 잘 안 되고, 엄마가 앉아 있는 주변에서 맴돌며 노는 때입니다. 아무것도 안 해도 아이의 눈에 엄마가 보여야 한다는 것입니다.

3돌 이후 아이는 본격적으로 또래와 접촉하고 엄마와의 분리가 한층 쉬워집니다. 물론 아이에 따라 다르지만 또래들과 더 잘 놀 수 있습니다. 친구 집에도 잘 놀러 다니는데 이때 지켜야 할 규칙은 바로 '자기 물건에 대한 것과 남의 물건에 대한' 기준입니다. 우리 집에 아이 친구들이 놀러 왔을 때는 장난감의 소유권은 우리 아이에게 있습니다. 그러니 그 소유권을 충분히 누리게 해야 합니다. 반면 남의 집에 갔을 때는 장난감이 친구의 소유이므로, 장난감을 만질 때 물어보고 만지게 해야 하며, 만약 친구가 거부하면 허락한 장난감만 가지고 놀아야 합니다.

부모의 역할은 아이가 이 기준을 제대로 지킬 수 있도록 돕는 것입니다. 내 아이에게만 양보를 가르치면 아이는 내 집에서나 남의 집에서 모두 양보해야 해서 억울함이 생길 것입니다. 그러므로 다른 집 아이가 우리 집에서 물이 먹고 싶다고 자기 집처럼 냉장고 문을 여는 행위 역시 제지하면서 가르쳐야 합니다. "물 먹고 싶으면 이야기해. 아줌마가 줄게."라고 말하는 것이지요. 친구와 놀다가 싸울 때는 조금 지켜보도록 하고, 때리는 행동은 제지해야 합니다. 때린 아이는 이유를 불문하고 때린 행동만큼은 사과하게 해야 합니다.

5, 6세가 되면 아이는 남의 집에 가는 것을 무척 즐기게 되는데 이때는 친구와의 만남에서 인간적인 즐거움을 느낍니다. 부모는 조금씩 아이 혼자서 친구와 놀 수 있는 기회를 주고 서로 집을 오가며 놀게 합니다. 이때 아이마다 발달이 다르기 때문에 고집이 센 아이와 유순한 아이가 놀 경우 유순한 아이가 손해를 보는 상황이 생길 수 있습니다. 이를 지켜보는 고집 센 아이의 부모는 잘 논다고 생각하지만 유순한 아이의 부모는 양보만 하는 자기 아이 때문에 속이 상하겠지요. 만약 이 부분이 마음에 걸린다면 그 친구와 노는 횟수를 조금씩 줄이고 순한 아이들과의 만남을 계획해보십시오. 아이 스스로 누구하고 노는 것이 더 편한지에 따라 친구와 만남이 자연스럽게 조정될 것입니다.

단, 자기 아이가 유순하다고 해서 부모가 아이의 말을 대신하거나 아이의 친구관계에 지나치게 끼어들지 않아야 합니다. 그러면 아이는 엄마에게 더 의존하는 모습을 보일 수 있습니다. 그보다는 아이가 자기주장을 할 수 있도록 집에서 더 지지하고 격려하는 것이 좋습니다. 아이의 의견을 충분히 듣고 수렴하면 가능합니다.

아이가 학교에 가게 되면 저학년 때까지는 부모의 의도대로 친구관계가 유지되지만, 점점 부모의 기대와 상관없이 아이들이 편한 친구들을 찾습니다. 아이들의 정서적인 내면이 어떠하냐에 따라 사귀는 친구들이 달라집니다. 그러니 친구들을 우리 아이의 정서 상태(내면)의 거울로 여기십시오.

아이가 학교에 갔다 와서 "친구들이 나하고 안 놀아줘. 따돌려."라고 한다면 우선 학교 선생님의 의견도 들어보고 아이가 왜 이런 생각을 하는지를 찾아보십시오. 무조건 '그룹을 만들어 볼까? 아이들을 초대해서 친구들을 엮어줄까?'라고 생각하기 전에, 우리 아이가 친구들이 싫어하는 행동을 하는지 아니면 자기가 놀고 싶은 친구가 다른 아이와 더 친해서 하는 소리인지 등을 잘 살펴보아야 합니다. 어쩌면 아이들에게 인기 있고 싶은데 생각만큼 잘되지 않을 때 속이 상해서 하는 소리일 수 있습니다.

어떤 이유이든지 아이에게 이성적으로 따져서 "네가 이렇게 행동하니까 친구들이 안 놀아주지." 식으로 야단을 치는 것은 좋은 방법이 아닙니다. 아이가 속상해하는 마음을 충분히 받아주며 "친구들과 잘 놀고 싶은데 친구들이 안 놀아줘? 많이 속상하겠네. 엄마가 어떻게 도와줄까?"라며 아이의 마음을 읽어야 합니다. 그다음에 선생님을 만나서 객관적인 정보들을 수집해보십시오.

혹시 아이가 다른 아이들이 싫어하는 행동을 한다면 집에서 그 행동을 야단치기보다는 왜 그런 행동을 하는지를 알아서 그 빈자리를 충분히 채워주어야 합니다. 집에서 인정받고 관계가 좋은 아이는 친구들과의 관계도 좋은 편이거든요. 다만, 집에서 관계가 좋다는 것이 부모 말을 잘 듣는다는 뜻은 아닙니다. 오히려 부모 말을 잘 듣는 아이들 중에는 부모 앞에서는 자신의 욕구를 억제하되 친구들은 함부로 대하는 아이도 있습니다. 그러니 신중하게 살펴야 할 것입니다.

친구관계에 문제가 있는 아이, 어떻게 해야 할까?

수진이는 친구와 싸우고 속이 상해서 집에 들어왔습니다. 수진이가 너무나 속상해서 엄마가 해결해주고 싶은데 어떻게 해줘야 할지 고민만 됩니다. 수진이는 말을 아예 안 합니다. 그래서 엄마는 "나중에 이야기하고 싶으면 이야기해."라면서 일단 물러났습니다.

학령기 아이들은 부모가 자신의 이야기를 듣고 어느 정도 자기를 이해해줄지 확신이 없으면 잘 이야기하지 않으려 합니다. 야단맞을 것 같으면 말을 더 안 하거나, 자기가 유리한 대로 이야기합니다. 그래서 서로의 관계를 틈틈이 점검해볼 필요가 있습니다.

부모는 이때 아이 편만 들어도 안 되고 남의 입장만 헤아려도 안 됩니다. 누구의 편을 따지기 이전에, 속상한 아이의 마음을 충분히 어루만져주세요. 아이의 말만 듣고 흥분해서 학교로 섣불리 찾아가거나 그 아이를 찾아가 야단을 치는 것은 오히려 아이에게 해가 됩니다.

아이가 말하려고 할 때는 충분히 이야기를 듣고 아이에게 어떻게 할 것인지 대안을 물어보세요. 그러면 "그 아이와 안 놀 거야."라든지 "다 풀렸어." 등의 반응이 있을 것입니다. 친구와 안 논다는 것은 '아직 마음이 풀어지지 않았다.'는 의미이니 "아직 안 풀어졌구나."라고 이야기해주세요. 아이가 어떻게 해야 할지 부모에게 방법을 물으면 사과 편지를 쓰는 것이 좋을지 아니면 초콜릿이나 사탕을 주면서 화가 풀렸음을 보여주든지 같은 방법을 제안하고 아이에게 선택하게 하는 것도 좋습니다.

아이가 "누가 나를 괴롭힌다."고 말할 때도 있습니다. 아이는 "엄마가 와서 혼내 줘."라고 하는데 엄마가 가서 혼내기도 그렇고 그냥 넘어가기도 뭐합니다. 이럴 때 참 난감하지요.

우선 상대 아이가 우리 아이만 괴롭히는지 다른 애들도 다 괴롭히는지 아니면 사소하게 툭툭 건드리는 것을 아이가 괴롭힌다고 여기는지 등을 아이에게 조용조용 물어보십시오. 조용조용히 대화하는 것은 무척 중요합니다. 많은 부모들이 아이가 괴롭힘을 당했다는 말만 들어도 벌써 감정이 상해서 다그치듯이 말하게 됩니다. 왜 신경 쓰이게 하느냐는 투로 말이지요. 아이가 스트레스를 받는 것에 예민하거나 민감한 부모들은 이런 일이 생기면 지나치게 반응하여 오히려 아이가 학교에서 왕따를 당하는 상황을 만들 수 있음을 조심하십시오. 아이를 보호하는 것이 부모의 관심이며 사랑이기도 하지만, <u>지나치면 사랑이 아니라 알레르기 반응일 수도 있습니다.</u>

그리고 학교 선생님을 찾아가서 '아이가 이렇게 느끼고 있는데 선생님이 보시기에는 어떠한지' 의논하십시오. 만약 선생님이 모르고 있다면 한 번 관찰해달라고 부탁해보세요. 자칫 다그치는 상황을 만들지 않는 것이 중요합니다. 때론 괴롭히는 아이의 부모를 만나서(객관적인 상황을 파악했다면) 도움을 요청하는 것도 필요합니다. 괴롭히는 아이를 몇 번 정도 교문에서 만나서 "우리 ○○하고 잘 지내 줄래?"라고 부탁하는 것도 좋습니다. 자주 괴롭히는 아이에게 엄마의 얼굴을 보여주는 것은 (협박이 아니라) '우리 조심하자'는 메시지를 보내는 것입니다. 마음이 완고한 아이가 아니라면 대부분 노력합니다. 만일 아이에게서 좋은 변화를 듣게 되면 사이좋게 지내는 것에 대해 칭찬을 하러 그 아이를 만나도 좋겠습니다.

어떤 아이들은 부모에게 관심을 끌기 위해 자신이 불쌍한 상황에 처해 있다(친구들이 날 괴롭힌다, 나는 친구가 없다는 등)는 것을 종종 이용합니다. 아이가 보기에, 부모는 이런 상황이 아니면 자신에게 관심을 덜 준다고 생각하기 때문일 수 있습니다. 이런 경우는 부모가 아이에게 문제가 있을 때만이 아니라 잘 지낼 때도 관심을 보여주는 것이 필요합니다.

만약 우리 아이가 원인이라면(친구들과 어울리고 싶은 맘에 적절치 못한 행동을 해서 생긴 일이라면) 겸허하게 받아들일 준비를 하고 선생님에게 어떻게 대처해야 할지를 의논하십시오. 심각하다면 전문기관을 찾는 것도 좋습니다.

'긍정 경험'이란 토양이 있어야 사회성이 자란다

사회성은 사실 하루, 이틀 만에 완성되는 것이 아니라 어릴 때부터 꾸준히 사회적 상황에서 긍정적인 경험이 쌓여야 이루어지는 열매입니다. 그렇기 때문에 한두 번의 노력으로 해결되지 않으며 꾸준한 노력이 중요합니다. 단순히 아이에게 친구만 만들어준다고 해결되지는 않습니다.

일단 아이가 어릴 때는 친구들과 어울릴 기회를 자주 갖는 것이 중요합니다. 학교에 들어가서 친구관계에서 힘들어하면 이것이 또래들보다 발달이 늦어서 그런 것인지, 아니면 경험의 부족인지, 엄마와 못 떨어져서 그런지 등을 파악해보세요. 만약 경험의 부족이라면 친구를 만날 기회를 자주 만들면 됩니다. 생일잔치를 열어서 친구를 초대하거나, 부모가 친구 부모에게 연락해서 만날 기회를 만들면 됩니다.

가장 필요한 도움은 가정의 뒷받침입니다. 가정은 하나의 작은 사회입니다. 이 작은 사회에서 아이가 지지를 충분히 받도록 노력해보십시오. 한편으로는 아이 친구를 만들어주면서 부모가 중간에 징검다리 역할을 하는 것도 필요합니다. 친구와 같이 할 수 있는 재미있는 놀이를 어른이 끼어서 하는 것입니다. 남자아이들의 경우 축구를 좋아한다면 아빠가 중간에 같이 할 수도 있고 배드민턴 같은 놀이도 할 수 있습니다. 이와 같이 부모가 좋아하는 것이 비슷한 아이와 연결시켜줄 수 있다면 좋습니다. 그러면서 어느 정도 아이의 친구관계가 안정되면 부모가 서서히 뒤로 빠져주는 것입니다. 어른이 계속 끼어 있으면 나중에 아이는 어른이 없는 상황에서 어찌 할 바를 모를 수 있기 때문에 빠질 준비를 해야 합니다. 이렇게 부모가 노력하는데도 잘 안 되면 전문기관의 도움을 받는 것이 좋겠지요. 전학이나 이사 때문에 아이가 낯선 환경에 잘 적응 못해 친구가 필요하다면 담임선생님의 도움을 받아서 반 아이를 붙여달라고 부탁해봐도 좋습니다.

부모들이 가끔 "우리 아이는 사회성이 매우 좋아서 아무나 하고 잘 놀아요."라고 말할 때가 있습니다. 물론 정말로 그런 아이들도 있지만 그중에는 사회성이 아니라 활동에 몰두하는 '과잉행동 문제'를 가진 경우가 있기도 합니다. 아니면 아이가 부모와의 친밀감이 적어서 누구에게나 관심을 보이고 있는 것일 수도 있습니다. 아이가 아무하고나 잘 지내는 것처럼 보여도 정작 친한 친구는 없을 수 있으므로, 항상 주의 깊게 살펴봐주세요.

/ Chapter • 03 /

부모의 사랑이
가장 잘못 전해지기 쉬운 영역
-학습-

대한민국은 아이 학습의 열기가 너무나 높아서 이 열기 때문에 가슴이 답답할 때가 한두 번이 아닙니다. 이것이 썩 좋은 방향이 아니라고 생각하면서도 이러한 열기 속에 들어 있지 않으면 불안한 것이 부모의 마음입니다. 이럴 때는 아이가 어떤 삶을 살았으면 좋겠는지 생각해봐야 합니다. 아마도 크게 두 가지로 나뉘지 않을까요?

첫 번째 방향은 '나는 우리 아이가 잘났으면 좋겠고, 소위 말하는 일류대학을 나와서 번듯한 직장을 갖기 원한다'는 쪽입니다. 부모의 생각이 이럴 경우 아이를 열심히 공부시킬 수밖에 없겠지요.

두 번째는 '나는 우리 아이가 행복하고, 자신의 능력을 잘 발휘해 남과 더불어 살며, 인성이 제대로 발달되길 원한다'는 방향입니다. 부모가 이렇게 생각한다면 아이 학습을 어떻게 도와줄지에 대해 다른 접근법이 필요합니다. 남들이 하는 것처럼 학습을 시킬 수는 없겠지요. 하지만 다른 부모들의 학습 방식을 보면서 이 바람을 유지하기가 쉽지 않습니다. 부모가 기대하는 바는 그것이 아닌데, 남들처럼 하지 않으면 안 될 것 같은 갈등을 늘 겪게 되는 것이지요. 그렇다면 아이의 학습을 과연 어떻게 도와줘야 할까요?

학습의 시작은 조기가 아닌 적기

아이의 학습에 관해서는 뭐든 빨리 하면 좋다는 생각이 만연합니다. 그래서 부모들은 좀 더 많이, 좀 더 빨리, 아이에게 한글이나 영어 같은 다양한 학습을 시작합니다. 이렇게 시키는 것이 아이를 위해서라고 생각하면서요. 하지만 아이마다 적절한 시기란 것이 있습니다. 무조건 빨리 자극을 준다고 좋은 것이 아니라 적절한 시기에 자극을 줘야만 아이가 쉽고 편안하게 받아들입니다.

어떤 집은 어릴 때부터 아이에게 피아노를 시키는 것이 좋다고 해서 부모가 아이에게 피아노를 일찍부터 시켰습니다. 아이와 매번 실랑이 해야만 겨우 피아노 앞에 앉는데도, 일단 시작했으니 몇 년은 해야 한다고 부모가 끌고 갑니다. 그러다 아이는 나중에 피아노뿐 아니라 음악에 대한 거부감을 가질지도 모릅니다. 그렇게 되면 부모는 괜스레 시간과 비용만 낭비했다고 후회하게 되는 거지요. 반대로 어떤 아이는 초등학교 4학년 때 (남보다는 다소 늦게) 피아노를 시작했습니다. 하지만 자기가 원해서 시작한 것이라 몇 개월 만에 피아노 기본과정을 끝내고 즐겼지요.

물론 음악에 재능 있는 아이는 어릴 때부터 음악을 즐기고 좋아합니다. 그래서 조기에 음악교육이 필요할 수 있습니다. 이 경우, 아이에게는 조기교육이 아니라 적기교육이 통한 셈입니다.

많은 부모들이 두 가지 상황 중에서 후자보다는 전자를 선택합니다. 아이의 적기를 기다리기보다는 조기를 택하는 것이지요. 부모가 교육비를 내지만 교육을 받는 이는 아이입니다. 그렇다면 아이가 받아들일 만한 상태인지를 먼저 고려하는 것이 원칙 아닐까요? 그런데 현실에서는 부모가 만만치 않은 교육비 부담에, 아이의 맘이 안 잡혀 있음을 안타까워하는데 아이는 정작 그 학습에 관심이 없으니, 얼마나 비효율적입니까?

아이 공부, 무엇부터 하는 것이 좋을까?

아이들이 세상에 태어나서 가장 잘 반응하는 것이 사람의 웃는 얼굴이라고 합니다. 그렇다면 아이에게는 다른 무엇보다 부모의 즐겁고 행복한 얼굴을 보여주는 것이 세상의 경험이 됩니다. 아이는 우선 세상이 편안하다는 것을 경험해야 합니다. 배불리 먹어야 하고 편안한 돌봄을 꼭 받아야 합니다. 부모가 즐겁게 돌본다는 것이 중요하지요. 이를 통해 아이의 뇌는 생존본능, 성욕, 식욕 등을 맡은 고피질(인간뿐 아니라 다른 동물에게도 있는 뇌로 대표적인 것이 변연계)을 먼저 만들고, 이를 바탕으로 논리적인 사고와 고도의 판단 등을 주관하는 신피질(사람답게 만드는 뇌로 전두엽이 대표적임)을 만들게 됩니다.

그런데 요즘 부모들은 아이의 인지적인 발달을 일찍 한답시고 영어 비디오테이프나 책들을 일찍 보여주고, TV 앞에 아이를 노출시키는 경우가 많습니다. 이런 행동은 아이의 뇌 회로를 만드는 데 별 도움 되지 않고 오히려 방해합니다. 오히려 아이의 뇌를 수동적으로 만들 위험이 크고, 자연스러운 자극을 받아들일 기회를 뺏습니다. 아이의 언어적인 경험 역시 부드러운 부모의 목소리만으로도 충분히 긍정적인 자극이 됩니다.

게다가 꼭 인지적인 자극만이 학습이 아닙니다. 세상이 믿을 만하며 편안하다는 것을 아이에게 경험시키는 것도 학습입니다. 도리도리 짝짜꿍 같은 신체놀이도 아이에게 정서적, 인지적으로 좋은 자극이 됩니다. 이러한 과정으로 아이의 뇌가 왕성하게 발전하며 주변 자극을 받아들일 준비를 하는 것입니다. 만약 이때 아이가 배고픔이나 우는 것에 대해 적절치 않은 반응(흔들거나 때리기 등)을 경험하고, 심한 말이나 무서운 얼굴 등을 보게 되면, 뇌에 외상이 가해질 수도 있습니다. 그래서 두뇌가 약한 만 3세까지는 정신적인 상처를 받지 않도록 노력하는 것이 중요합니다.

이렇게 3세 이전까지는 아이의 본능적인 충족과 발달 요구들을 적절하게 수용하는 것이 뇌를 발달하게 만드는 일입니다.

<u>또한 세상에 대한 아이의 호기심을 키워주는 것입니다.</u> 학습에서 가장 중요한 것은 호기심과 동기라고 하지 않습니까? 그런데 이런 것들을 무시한 채 부모가 호기심과 동기를 만들려고 노력하는 경우를 흔히 봅니다. 호기심이나 동기는 아이 내부에서 준비가 되었을 때만 가능한 것이지, 부모가 만들려고 해서 만들어지는 것은 아닙니다.

많은 부모들이 누가 공부를 재미있어서 하냐고, 해야 하는 일이니까 시키는 거라고 합니다. 그런데 <u>공부 즉 지적인 것에 대한 욕구는 사실 본능적인 욕구입니다.</u> 사람은 뭔가를 알고 싶어 하고, 배우고 싶어 합니다. 단지 이것을 인정하지 않고 '공부는 필요한 것이고 의무'라고만 생각하니까 '무조건, 억지로' 식으로 아이 공부에 접근하는 것입니다. 하지만 어른들의 경우를 떠올려 보세요. 주변의 많은 엄마들이 시키지 않아도 이것저것 열심히 배우는 것을 봅니다. 본인이 원해서 말입니다. 그럴 때는 매우 즐겁게 공부하지요. 자신이 좋아서 하니까 힘들어도 충분히 감당하려 합니다. 그런데 아이들에게는 이와 다른 잣대를 들이대고 있는 것입니다. 하지만 학습에 대한 뇌는 부모나 아이나 다 같습니다.

'해마'라는 말을 많이 들어봤을 것입니다. 해마는 단기 기억 장소이며, 뇌의 고피질(본능을 관장하는 뇌) 변연계(감정 관장) 내에 있습니다. 이는 해마가 변연계의 영향을 받는다는 의미입니다. 변연계는 본능을 관장하기 때문에 본능적인 것을 어떻게 채우느냐에 따라, 그 활동이 영향을 받습니다. 해마는 기분이 좋을 때 작용합니다. 당연히 감정적인 부분이 어떠하냐에 따라 기억용량과 시간이 훨씬 달라집니다. 집중을 관장하는 신경세포그물인 망상활성화계 역시 변연계의 영향을 받아 즐거울 때 제대로 작동합니다. 다시 말해, 감정적인 풍요로움도 학습의 밑바탕이 된다는 것이지요.

따라서 아이 공부로 뭘 시킬까 생각하기 이전에 어떤 활동들이 뇌 발달에 도움 될까를 먼저 생각하길 바랍니다. 특별한 게 있는 것은 아닙니다. 같은 자극이라도 기분 좋게 받아들이는 아이가 있고 아닌 아이가 있습니다. 아이가 어떻게 받아들이느냐에 따라 효과가 달라집니다. 부모와 함께하는 운동이나 책 읽기, 여행, 자연에서의 즐거운 경험, 재미있는 게임이나 즐거운 상상 그리고 다들 알겠지만 아침식사 등이 도움이 됩니다. 반대로 아이 혼자 노는 것은 언어발달을 저해시키고 사회성을 해칠 수 있습니다. 강요된 학습은 기억력과 학습동기를 떨어뜨리고 컴퓨터게임은 어휘력이나 상상력을 떨어뜨립니다. 아이 나이에 맞지 않는 학습은 뇌 발달을 불균형하게 만들어서, 지적 능력만 높이고 일상생활의 대처능력이나 생각을 미숙하게 만들 수 있습니다.

강압적인 교육을 받으면 아이의 감정이 점점 메마르고 기억력이 떨어집니다. 즉 학습효과가 떨어지는 것이죠. 감정의 뇌가 위축되면 뇌는 본능적으로 비정상적인 방법을 써서 감정을 채우려고 합니다. 그 결과, 게임에 집착하거나 비행, 일탈 행동을 할 수 있지요. 아니면 아무것도 하고 싶지 않다는 모습을 보일 수도 있지요. 하기 싫은 공부를 억지로 하면 뇌에서 즐거움과 관련된 도파민 신경계나 감정을 주관하는 변연계가 제대로 발달하지 못하고 정신 활동을 좌우하는 대뇌피질의 두께가 얇아질 수 있습니다.

만약 아이들이 이것저것 배우고 싶어 한다면 충분히 기회를 주십시오. 자기 수준에 맞지 않는 것을 배우려고 해도, 이런 기회를 통해 스스로의 자질들을 발견하게 됩니다. 비록 오래 배우지는 못하더라도 말입니다. 간혹 어떤 아이들은 배운다기보다 남들이 하니까 샘이 나서 배우려는 경우도 있습니다. 비록 아이의 시샘일지라도, 배울 기회를 주어서 스스로 힘든 것을 경험하고 정리하게 하는 것도 하나의 방법입니다.

그렇다고 해서 아이를 그냥 내버려두라는 것은 아닙니다. 아이들이 아무것도 안 하고 놀면 즐거워할 것 같죠? 아이가 이전에 너무 많이 억눌려 있었다면 아무것도 안 하는 것이 마냥 좋을 수 있을 것입니다. 한동안은 말입니다. 하지만 아이를 기분 좋게 만들고 행복감을 느끼게끔 노력하면, 아이는 사소한 것부터 스스로 하려는 모습을 보입니다. 시키지 않아도 말입니다. 그럴 때까지 기다리는 인내가 필요합니다. 부모님들은 가끔 학습을 즐겁게 하면 아이가 진지하지 못하고 어려운 학습고비를 넘기지 못할까 봐 걱정합니다. 하지만 아이는 즐겁고, 직접 선택한 것이기 때문에 공부가 어려워도 고비를 넘깁니다. 오히려 학습에 재미가 없다면 고비가 올 때 피해가려는 행동을 보일 겁니다.

학교에서 아이들은 공부합니다. 그런데 많은 부모들이 학교공부는 공부라고 여기지 않고 방과 후에 여러 과외활동을 시킵니다. 이것이 <u>아이가 원하는 것이라면</u> 괜찮겠지만, 과외공부 자체를 너무 중요시 여기면 학습량도 과도하게 늘어나게 됩니다. 아이의 학원숙제가 얼마나 많습니까? 학교숙제는 안 해도, 학원숙제는 해야 한다고 여기는 풍조는 다시 한 번 생각해볼 필요가 있습니다. 흔히 부모들은 '공부를 많이 시키면 머릿속에 조금이라도 들어가겠지.' 하는 마음에 과외활동을 시킵니다. 물에다 설탕을 녹일 때 어느 정도 양이 들어가면 더 이상 녹지 않고 설탕이 그대로 남지 않습니까? 아이의 두뇌도 마찬가지입니다. 다시 말해, 아이가 흡수할 수 있을 만큼 들어가야 합니다. 어떤 아이는 컵에 물이 거의 없을 수 있습니다. 학습을 받아들일 준비가 덜 되어 있다는 것이지요. 충분한 놀이와 관심, 사랑의 물이 먼저 준비되고 나서 학습이 들어가야 합니다. 그래서 균형이 필요하지요. 하지만 대부분 부모의 욕심으로 균형이 깨져 있습니다. 컵에 물이 있는지를 고려하지 않고 '무조건 집어넣으면' 아이의 흥미는 떨어집니다. 그 결과 학습은 악순환의 연속이 될 것입니다.

결국 부모는 아이의 발달에 따라 지나치게 욕심 부리지 않고 차근차근, 때론 느리게 가는 자세가 필요합니다. 부모가 자녀를 어떤 식으로 키울지 스스로 점검해보고, 방향을 정했다면 그 방향대로 움직이는 것이 가장 중요합니다. 어떻게 하면 아이가 행복감을 느낄지에 초점을 두고 아이를 대하면 자연스럽게 아이는 학습에 대해 즐거운 태도를 보일 것입니다.

이런 바탕이 준비된 아이는 어떤 방법을 써도 쉽게 학습할 수 있습니다. 그러나 부모의 욕심으로 이미 아이에게 학습이 짐으로 느껴졌다면, 이제부터 아이와 함께 공부 양을 정해보는 것이 중요합니다. 그렇게 하지 않으면 어떤 좋은 방법으로도 학습동기를 만들 수 없습니다. 부모의 욕심을 버리지 않고서는 아이의 학습동기를 올리고 흥미를 끌기가 힘듭니다.

/ Chapter • 03 /

세상 앞에서 당당하고 자신감 있는 아이로 키우고 싶다면
-아이의 감정-

현수(7세)가 놀다가 울면서 들어 왔습니다. 달리기를 하며 놀았는데 그만 1등을 못했다고 합니다. 다른 친구가 1등을 했다고 속상해하기에, 부모는 "뭐든 내 마음대로 할 수 있는 게 아니야. 네가 맨날 집에서 컴퓨터를 하고 TV만 보고 있으니까 달리기를 잘할 수가 있니? 뚝 그쳐라."라고 말했습니다. 부모는 현수가 너무 여린 것 같아 속상했지만, 세상의 쓴맛도 알아야 한다면서 그냥 두었습니다. 사실 엄마는 달래보려 했지만 아빠가 "자꾸 받아주면 아이가 버릇없어지고 계속 울보가 돼. 강하게 키워야지."라며 내버려두라고 했죠. 아마 이런 풍경은 여느 집에서도 종종 볼 수 있을 것입니다.

그렇다면 과연 아이의 감정을 자꾸 받아주면 아이가 여려질까요?

감정을 받아주지 않으면 아이는 점점 강해질까요? 많은 부모들이 강하게 키워야 한다면서 단호한 양육 태도를 주장합니다. 아이가 우는 것도 받아주면 안 되고 상황을 이해하도록 가르쳐야 한다는 것입니다.

정작 부모들은 아이들의 감정을 받아준다는 것이 어떤 건지 잘 모를 때가 많습니다. 막연한 오해 때문에 마냥 안 된다는 생각만 갖고 있지요. 먼저 부모들이 아이들의 감정에 대해 갖는 오해들부터 살펴보겠습니다.

아이의 감정에 대해 부모가 갖는 오해

한 엄마가 아이 때문에 속상한 마음을 남편에게 털어놓았습니다. 남편은 실컷 듣더니 '그래도 엄마니까 이해해야지. 뭘 그걸 가지고 그러냐. 힘든 사람이 더 많다. 당신이 잘못한 것이 있는지 잘 생각해봐라.'며 충고했다고 해봅시다. 그러면 엄마 입장에서는 남편이 무척 고맙고 도움이 될까요? 아니면 괜히 이야기했다는 생각이 들까요?

사람들은 나의 상황이나 마음을 이해해주길 바라면서 왜 다른 사람의 마음을 이해해주는 말을 잘하지 못할까요? 이걸 아이와의 관계로 가져와봅시다. 부모는 왜 꼭 아이에게 그 상황에 대한 교훈적인 이야기를 하고 상황을 이해시켜야만 직성이 풀릴까요?

어른이라는 이유로 우리는 아이들에게 이중 잣대를 대는 것 같습니다. 속상할 때 누가 내 이야기를 들어주고, 위로해주었으면 하는 마음은 누구나 가지고 있습니다. 옳고 그름이나 잘잘못을 따지기 이전에, 이해받고 싶은 마음이 크다는 걸 모두 인정할 것입니다. 아주 단적인 예로 아내가 "어휴, 오늘 힘들어서 밥해 먹기도 싫고 설거지도 하기 싫다."라고 했습니다. 남편이 아내의 말을 들어줬다고 그 다음부터도 아내가 계속 밥하지 않고, 게으름을 피우려 할까요? 자신을 이해해주는 남편 때문에 '에이, 그래도 해야지!' 하는 마음이 들지 않을까요? 이런 마음이 부모와 아이 사이로 오면, 아이가 감정을 드러내는 것에 대해 무조건 어리광을 부리거나 버릇없는 행동이라고 치부해버립니다. 그렇다면 부모는 왜 아이의 감정을 받아주기가 힘들까요?

우선은 문화적인 영향이 있는 것 같습니다. 우리나라는 자식에 대한 마음을 표현하는 데 주저해왔습니다. 감정을 표현하는 것도, 감정을 받아주는 것도 어설프지요. 말보다는 가슴으로만 느낍니다. 그렇기 때문에 부모로부터 내 감정을 이해해주는 말들을 잘 들어보지 못했지요. 오히려 감정을 드러내면 야단을 맞았습니다. 뭐가 갖고 싶다고 이야기하면 "너는 지금 우리 집 사정을 모르니?" 같은 대답이 왔지요. 물론 부모가 아이의 감정을 모르는 것은 아니지요. 아이의 바람을 못 들어줘서 가슴이 아프더라도 겉으로는 다르게 표현해왔습니다. 그래서 지금의 부모 역시 감정을 표현하는 것이 어설픕니다. 아이들은 부모 마음속에 있는 감정을 모릅니다. 나중에 커서 부모가 되면 알겠지만, 그때는 역시 자신의 부모가 저지른 그 잘못을 자식에게 되풀이하고 있겠지요.

아이의 감정을 받아주기 힘든 또 다른 이유는 아마 다음과 같을 것입니다.

∷ 아이의 말을 듣는 순간 '부모의 감정이 작용'한다

부모는 아이 중심으로 듣기보다 부모 중심으로 말을 듣게 됩니다. 상대방이 왜 그렇게 말하는지는 생각하지 않고, 그 말을 들은 '내 의견'을 말하게 된다는 것입니다.

아이 말에 내 감정부터 움직이니, 당연히 내 감정을 정리하느라 바쁩니다. 그러다 보니 아이의 감정은 뒷전이 되지요. 예를 들어 아이가 "엄마는 맨날 약속도 안 지키고, 내가 뭐라고 해도 듣지도 않고, 엄만 바보야."라고 한다면 엄마는 마음속에 '내가 언제 약속을 그렇게 안 지켰다고…. 매일 자기 말을 들어주려고 했는데 저렇게 말하다니. 이걸 참아 아니면 화를 내? 어휴, 쟤는 해줘도 말이 많아. 다음에는 안 해줄까 보냐.' 같은 복잡한 짐짓들로 뒤숭숭해집니다.

∷ 감정을 '올바르게' 가르쳐야 한다고 생각한다

아이의 감정들은 이성적이지 않기 때문에 부모는 균형을 맞춰주고 싶어 합니다. 그래서 옳고 그름을 따지거나 상황에 대한 설명이 들어가게 되지요. 이는 감정을 감정으로 대하면 안 된다고 여기기 때문입니다. 아이가 "엄마 미워!"라고 하면 부모는 "'엄마 미워'는 나쁜 말이지? 그리고 남을 미워하면 안 돼요."라고 가르치지요. 사람이 살아가면서 좋은 감정만을 가질 수 없다는 것은 누구나 압니다. 그런데도 부모는 아이에게 좋은 감정만을 가지게 하려 합니다. 어떤 감정을 가지느냐보다 이 감정을 어떻게 해결해야 하는지를 가르쳐야 하지 않을까요?

:: **아이 감정을 받아줬더니 더 심해지는 걸 경험해서**

아이가 부모에게 몇 번 이해받는다는 느낌이 들면, 매번 그런 말을 듣고 싶을 수 있습니다. 그러면 부모는 아이가 약해지는 것 같고, 이해받는 게 왠지 습관이 되는 것 같아서 겁나는 마음에 중단하지요. 아이의 감정을 적절하게 받아주면 처음에는 아이의 이해받음이 심해지는 것 같지만, 점차 아이 스스로 감정을 해결해나갈 수 있습니다. 아이가 부모의 중단으로 이 단계까지 경험하지 못했기 때문에 중도 포기를 하게 되지요.

그렇다면 어떻게 하는 것이 아이의 감정을 제대로 파악하고 반응하는 것일까요? 아이가 말을 하면 '이 아이가 나에게 정말 전하고 싶은 말은 무얼까?'를 생각해보세요. 아이의 느낌을 아는 것이 중요합니다. "엄마 미워."라고 말하는 건 아이가 자기 요구를 들어주지 않음에 속상해서 하는 말일 수 있습니다. 그럴 때는 엄마가 "○○를 더 하고 싶었는데 못해서 속상해?"라고 아이에게 반응하는 것이 필요합니다.

아이 말의 이면을 살피는 것도 중요합니다. "나 학교 안 가고 싶어."란 말은, 아이가 학교생활이 힘들다는 것일 수 있고, 친구 문제가 있는 것일 수 있고, 아침에 일어나기 싫은 것일 수 있습니다. 이런 것들이 파악되어야만 아이 감정을 잘 읽을 수 있습니다.

아이가 "엄마, 누나가 집에 없었으면 좋겠다."고 하면 "도대체 무슨 소리를 하는 거야?"라고 야단칠 것이 아니라 '누나 때문에 힘들다는 걸 표현하고 있구나!'라고 여기라는 것입니다. 그런 다음 말을 그대로 받으십시오. "누나가 집에 없었으면 좋겠어?"라고 아이의 말을 받는 것이지요. 그러고 나서 "왜?"라고 물어보세요. 아이가 "나 힘들어."라고 하면 "힘들어?"라고 받으며 "뭐가 우리 예쁜이를 힘들게 만들지?"라고 이야기하는 것입니다.

우리는 아이가 문제를 토로하면 그 말이 떨어지기가 무섭게 "아니, 그게 아니라"는 식으로 내가 하고 싶은 말을 합니다. 그러다 보면 아이는 기분이 더 나빠질 수도 있음을 명심해야 합니다.

> **아이**: 엄마, 나 공부 진짜 하기 싫어. 매일 공부해야 하고. 그냥 놀았으면 좋겠다.
>
> **대부분의 부모**: 공부를 안 하면 나중에 어떻게 하려고 그래? 노숙자가 되고 싶어? 공부를 안 하면 바보 된다! 진짜 공부하기 싫으면 오늘부터 학교도 가지 말고 학원도 가지 말고 집에서 먹고 놀아!'
>
> **적절한 개입**: 그래, 공부가 하기 싫어? 오늘 많이 힘들구나? 많이 놀았으면 좋겠어?(그리고 안아주고 다독여줍니다.)

아이의 말을 그대로 받는다는 것은 아이의 눈으로 보려고 노력한다는 것입니다. 이것은 사실 쉽지 않습니다. 걱정되기 때문이지요. 아이가 혹시 진짜로 학교에 안 가면 어떻게 하나 싶어서 말입니다. 하지만 아이의 말을 그대로 받았다고 '오예! 엄마가 내 마음을 알아줬으니까 학교에 안 가야지!' 하는 아이는 거의 없습니다. 만약 있다면 정말 학교생활이 힘든 아이이기 때문에 이에 대한 조치를 시급하게 해야 합니다.

아이의 감정을 받은 다음 부모가 하고 싶은 말은 질문으로 해보세요. 부모가 아이의 감정을 받아주고 나면 아이는 감정적인 부분이 다소 누그러질 것입니다. 그럴 때 "그러면 어떻게 하고 싶은데?", "만약 그렇게 했을 때 이런 것들은 어떻게 하지?"라는 식으로 질문하고 대답하는 대화를 할 수 있습니다. 예를 들어 누나한테 괴롭힘 당하는 아이와 엄마의 대화를 볼까요?

> **아이** 누나가 집에 없었으면 좋겠다.
> **엄마** 그래? 누나가 집에 없으면 좋겠어?
> **아이** 응. 누나는 맨날 나만 괴롭히고….
> **엄마** 그랬어? 맨날 괴롭혔어? 맨날 속상했겠네.
> **아이** 엄마, 누나 어디 보내버리자.
> **엄마** 누나 보내면 좋겠어?
> 어디로 보내야 하나? 누나 없으면 심심하지 않을까?

이 정도로 이야기하면 아이는 어느 정도 감정이 누그러지고 "나 괴롭힐 때만 싫어."라고 할 상태가 됩니다. 이럴 때 엄마가 말합니다.

> **엄마** 엄마가 어떻게 하면 좋을까?
> **아이** 엄마, 누나가 나 괴롭힐 때 하지 말라고 해줘.
> **엄마** (절대 다그치는 분위기가 아니도록 주의하며) 언제 누나가 괴

롭히지? 아무것도 안 할 때 괴롭혀? 아니면 진호가 어떻게 하니까 그래?

아이 내가 누나 방에 들어가면 못 들어오게 하고 누나 물건을 못 만지게 해.

엄마 그래? 그러면 누나 방에 안 들어가고 누나 물건을 안 만지면 안 괴롭히겠네.

아이 나 누나하고 놀고 싶단 말이야. 누나 물건도 궁금하고….

엄마 누나하고 놀고 싶었어? 그랬구나. 누나 뭐할 때 갔니?

아이 공부할 때.

  이 정도까지 진행되면 아이가 어느 정도 감정이 풀어진 상태가 됩니다. 이때 엄마가 하고 싶은 말, 즉 공부할 때는 가지 말라든지, "너도 네 물건을 만지니까 싫지? 함부로 만지지 말아야지." 등의 말을 해도 되지요. 물론 꼭 이 순서를 지켜야 하는 것은 아닙니다. 대화 내용의 가장 큰 핵심은 아이의 말을 그대로 받고 나서 아이 스스로 해결점을 찾게 하거나, 부모가 부탁하고 싶은 말을 하라는 것입니다. <u>순서가 중요합니다. 먼저 아이의 감정을 파악하고, 읽고 난 다음에 부모가 하고 싶은 말을 하는 것입니다.</u>

아이의 요구를 현명하게 거절하는 방법

앞서도 이야기했지만, 아이의 감정을 받아주는 것과 아이의 요구를 들어주는 것은 분명 다릅니다. 감정은 무조건 받아주되, 요구는 적절히 수용하는 지혜가 필요합니다. 예를 들어 아이가 "장난감을 사줘."라고 하면 무조건 안 된다고 하지 말고 "장난감 갖고 싶어? 그래서 속이 상해?"라고 감정을 알아준 뒤 "엄마도 사주고 싶은데, 어제도 샀잖아? 그래서 또 살 수 없네."라고 하는 것입니다. 물론 아이가 울고 떼를 쓸 수가 있습니다. 하지만 우리는 대부분의 경우 요구와 더불어, 아이의 감정까지도 받아주지 않습니다. 되레 이런 요구를 하는 아이를 '나쁜 아이, 생각이 없는 아이'의 뉘앙스로 야단을 칩니다. 물론 다독이는 부모도 있지만, 인상 쓰고 싫은 내색을 하지요.

아이의 감정을 충분히 받아준 다음, 왜 안 되는지를 설명해보세요. 여기서 조심해야 할 것이 있습니다. 부모가 설명하면, 아이가 떼를 그만 쓴다거나 울음을 그칠 거라고 기대하지는 말아야 합니다. 여기에는 이유가 있습니다. 아이는 나와 다른 인격체입니다. 개별적인 인격체임을 인정한다는 건 아이의 감정도 인정한다는 것입니다. 아이는 내 감정과 다르고, 감정을 푸는 속도도 다를 것입니다. 내가 아이를 달랜다고 해서 금세 감정이 풀어지지 않을 수 있습니다. 이것은 부모가 아이를 달래는 기술이 부족해서가 아닙니다. 많은 부모들이 갈등 상황을 빨리 끝내려고 달래다가, 이제 그만하라고 무섭게 야단치는 모습을 보입니다. 아니면 다른 대안을 제시하지요. "다른 장난감 사줄게." 식으로 말입니다. 이것은 아이의 감정을 생각한 것이 아니라, 시끄러운 것이 싫은 부모 자신을 생각한 처사입니다.

그렇다면 부모가 아이의 감정을 충분히 알아주었는데도 아이가 풀어지지 않는다면 어떻게 해야 할까요? 아이의 감정을 읽어주고 요구를 들어주지 못하는 이유를 차근차근 설명했다면, 이제 그 다음은 아이의 몫입니다. 그것을 받아들이고 아니고는 아이가 정하는 것입니다. 아이의 감정이 풀릴 때까지 부모가 노력하는 것이 아니라 아이가 풀릴 때까지 기다리면 됩니다. "장난감을 못 사서 속상해?"라고 감정을 알아주고 사줄 수 없는 이유를 설명했으므로, 이제는 "아직도 기분이 나빠? 그러면 엄마 아빠가 네 기분이 나아질 때까지 여기서 기다릴게."라고 하고, 아이가 감정을 직접 추스를 때까지 두는 것이지요. 이 감정은 부모의 것이 아니라 아이의 것입니다. 그러므로 부모라는 이유로 아이에게 감정을 거두어들이라고 요구할 수는 없습니다. 기다려주는 것이 힘들고 싫다고요? 그렇다면 자신의 감정에 대한 상황을 한번 생각해봅시다.

부부 간에 서로 갈등이 생겨서 아내는 무척이나 속이 상했습니다. 아침에 남편이 꼬리를 내리고 아내에게 "미안해, 내가 다시는 안 그럴게."라고 말했는데도 퇴근 후 집에 와보니, 아직도 아내 마음은 안 풀어졌습니다. 아내 입장에서는 너무 속이 상해 쉽게 풀리지 않은 것이지요. 그런데 남편이 "내가 잘못했다고 했잖아. 그런데 왜 그래?"라며 화낸다면 어떨까요? 아내가 '아, 내가 잘못했구나.'라고 생각할까요? 아내는 '화가 안 풀리는데 어떻게 해? 내 마음을 왜 이래라 저래라 하는 거야?'라는 반발심이 생길 것입니다.

어른들도 이런데 아이는 더하지 않을까요? 아이가 화가 나 문을 쾅 닫고 들어갔습니다. 그러면 부모들은 대부분 당장 "어디서 배운 버릇이야. 왜 문을 닫고 들어가. 빨리 나와."라고 하거나 심지어는 "화 풀어. 웃어."라고 야단을 쳐서 상황을 종료하려 합니다. 어쩌면 아이는 무서워서 웃을지도 모릅니다. 하지만 이렇게 감정조차 제대로 자기 것으로 가질 수 없다면 얼마나 힘들까요? 문을 닫고 들어간 아이에게 "화났어? 그러면 이따 이야기해. 아니면 풀리면 나와."라고 하고선 기다리십시오. 물론 어떤 아이는 부모가 자기를 데리러 오길 바라지만, 대부분은 내버려두면 그냥 나옵니다. 그럴 때 "화 다 풀렸니?"라고 하면 됩니다.

아이의 요구를 거절했는데 감정까지 거절해서는 안 되지 않을까요? 아예 싹을 잘라야 한다고요? 그렇게 하면 다음부터 요구는 안 할지 모르지만 아이 마음속에는 포기의 마음이 싹트게 됩니다. 자신이 잘못된 요구를 한 것 같아서 죄책감이 심해집니다. 당연히 자신을 긍정적으로 보지 못하게 되어 자아 존중감에 상처받을 수 있습니다.

다시 한 번 강조하지만, 아이의 요구를 들어줄 수 없는 상황이면 요구만 거절하고 감정은 받아주세요. 이것은 아이의 요구를 들어주지는 못하지만, '아이를 거절하는 것이 아님'을 보여줍니다. 이것은 무척이나 중요합니다. <u>아이에게 물건을 안 사줬다고 인식되어야지, 내 말을 안 들어줬다고 인식되어선 안 됩니다.</u> 물건을 사주지 않은 것과 내 말을 들어주지 않은 것이 크게 다르지 않은 것처럼 보이지만,

결과는 크게 다릅니다. 아이가 내 말을 안 들어줬다고 여기면 그 이후 아이는 자신이 또다시 받아들여지지 않을까 봐 상황과 상관없이 계속 떼를 쓰거나 아니면 아예 요구조차 하지 않는 태도를 보입니다. 물론 한 번으로 아이가 이렇게 바뀌는 건 아닙니다. 부모가 계속 아이의 감정을 자기 뜻대로 하려 들면, 아이가 그렇게 느낀다는 것입니다.

요구만 거절하고 아이의 감정을 인정하고 기다리는 행동이 쌓이면 아이는 상당히 신사적인 행동을 하지요. 자신의 요구를 관철시키기 위해 여러 제안들을 내놓기도 하고, 다음에 들어달라는 요구의 지연도 하게 됩니다. 부모를 믿으니까요.

대신 아이의 요구를 매번 거절하면 안 됩니다. 항상 요구를 들어주지 않는다면 아이는 부모에 대한 신뢰가 깨지지요. 아이는 뭔가 요구해야 할 때 부모에게 거절할 것이 뻔하다는 두려움 때문에 아예 요구하지 않게 됩니다. 아이가 점점 커갈수록 대화가 단절되고 거짓말을 쉽게 할 수 있습니다.

아이를 사랑한다고 해서 아이의 속상한 감정까지 다 해결해줘야만 하는 것은 아닙니다. 이것은 아이의 감정에 대한 침해입니다. 다른 사람의 감정에 대해 이래라 저래라 할 권리는 없습니다. 방치하는 것 같다고요? 이것은 방치가 아니라 사랑입니다.

아이의 편에 서서 감정을 이해하는 연습

아이가 부모에게 속상한 이야기를 하면 부모는 선택의 기로에 섭니다. 아이의 입장이 될 것인가 아니면 아이와 관계된 사람의 입장에 설 것인가? 대부분의 경우 부모는 아이의 속상함을 달랜답시고 다른 사람의 입장에 서서 설득하고 변명합니다. 하지만 이것은 결국 '네가 잘못 생각하고 있는 거야!'란 메시지를 아이에게 전달합니다. 그래서 아이는 뭔가 찜찜한 기분이 들게 됩니다. 한편 부모는 아이를 설득하고 이해시켰다고 생각합니다. 분명 부모는 아이를 위해서 노력했는데 결과는 다른 사람을 위한 셈이 되었습니다.

어느 날 아이가 학교에서 속상해하며 돌아왔습니다. 선생님에게 혼나고, 벌로 청소했다고 합니다. 다른 애들이 잘못한 건데 자신이 청소했다면서 못내 억울해합니다. 아이가 친구를 탓하고 선생님을 원망하는 말을 했습니다. 우리 부모들은 어떻게 반응을 할까요? 대부분 "네가 뭔가를 잘못했으니까 선생님이 그랬겠지. 선생님이 괜히 그러시겠어? 너도 생각해보면 아마 장난치고 했을 거니까 너무 억울해하지 마."라고 아이에게 상황을 이해시키려 듭니다. 다시 말해 부모가 선생님과 친구를 대신 변명해주는 상황이 되는 것이지요. 아이가 억울한 마음에 "아니란 말이야. 엄마 아빠가 학교에 와봤어?" 식의 대꾸를 하면, 부모는 아이의 반응에 화가 나 자칫 감정 싸움으로 번지게 되기도 합니다.

아이의 마음을 알아준다는 것은 '너는 잘못이 없다'고 말해주는 게 아닙니다. 아이가 겪은 그 일에 대한 감정 자체를 알아준다는 것이지요. 무슨 일이 있었는지 들어보고, 잘못에 대해서는 차후에 짚고 넘어가면 됩니다. 아이의 마음을 알아주면 아이는 먼저 "나 조금 장난쳤어." 같은 말을 할 수도 있습니다. 아이가 자기 변명을 많이 하면 그만큼 부모가 아이를 키울 때 다그치고 잘잘못을 많이 지적했다고 생각해도 됩니다.

아이를 이해시키는 것이 감정을 이해해주는 것은 절대 아닙니다. 아이 입장에서는 '네가 이해해라.'란 메시지를 받고 '포기'하라고 요구받는 것과 같습니다. 부모가 날 이해해주는 것이 아니라 부모가 상대방을 이해하는 모습이지요. 이것이 아이에게 어떻게 비추어질까요?

아이에게 유일하고 한결같은 내 편은 '부모'입니다. 유일한 내 편인(내 편이었으면 하는) 부모가 매번 다른 사람들을 변명해준다면 아이는 어떤 마음이 들까요? 혹시 "엄마는 맨날 친구 편만 들어!"라고 아이가 불평하지는 않나요? 부모가 서 있을 자리에 있는 것이 부모의 역할입니다. 그래야만 제대로 사랑으로 드러납니다.

아이의 감정을 받아주면 아이가 더 어린 행동을 할 가능성도 있습니다. 그동안 부모가 아이 감정을 별로 받아주지 않았다면 그럴 수 있지요. 이것은 어려진다기보다 그전에 받지 못한 것을 받으면서 보이는 반응입니다. 어느 정도 아이 마음속에 부모가 '날 받아주는 사람'이라는 신뢰가 쌓이면 이런 행동은 자연스럽게 줄어듭니다. 만약 아이가 매번 부모의 동정을 사고자 자신이 힘들다는 걸 계속 보이려 한다면 이것은 관심을 계속 받고 싶은 마음인 것입니다. 이것은 갈등 상황만

이 아니라 평상시에도 관심을 달라는 신호이지요. 그러니 아이를 자주 안아주고 웃어주고 편안하게 이야기해주는 것을 지속해야 합니다. 자, 부모가 이렇게 아이의 감정을 잘 알아주려고 노력하면 어떤 결과가 나타날까요?

:: 감정과 이성의 균형이 잡힌다

사람은 이성과 감정을 동시에 가지고 있습니다. 이성과 감정은 한쪽으로 너무 기울어지면 인격적으로 성숙했다 할 수 없습니다. 너무 이성적이면 공감 능력이 떨어지고, 다른 사람의 마음을 이해하는 데 부족함을 보입니다. 너무 감정적이면 감정에 따라 상황이 지나치게 좌우되어서 감정 기복이 심해지고, 반대로 상황과 상관없이 기분에 따라 움직이는 문제가 생기지요. 때문에 이 둘은 상호작용이 잘되어야 합니다.

아이가 감정과 이성의 균형이 잘 맞으려면 어떻게 해야 할까요. 아이의 이성적인 사고를 위해 논리적인 설명을 계속해주면 될까요? 감정을 통제하는 것은 분명 이성이지만, 감정이 빈곤하면 이성적인 것 역시 제대로 유지될 수 없습니다. 그런 의미에서 감정을 먼저 인정하면 누군가 나를 이해해주는 사람이 있다는 느낌 때문에 편안함을 느낍니다. 그렇게 되면 상황을 볼 수 있는 마음이 생기지요. 이성이 작용할 수 있다는 것이지요.

아이의 감정을 이해해주지 않고, 감정을 이성적으로 이해시키려 하면 아이는 답답함만 늘어납니다. 자신이 이해받지 못한다고 여기면 감정이 더 욱하고 올라옵니다. 그러다 보면 오히려 감정이 이성을 통제하는 다음과 같은 상황이 생깁니다.

 요즈음 선생님이 재미없게 가르쳐서 공부하기 싫다.
 그래도 선생님 탓을 하면 안 되지. 선생님인데 너보다 낫지 않겠니? 공부하기 싫은 이유가 선생님이 아니고 다른 이유가 있는 것 같은데 핑계 아니야?
 엄마, 아빠가 수업을 들어봤어요? 왜 내 말을 안 믿어요? 이제 학교 이야기는 안 할래요.

아이는 휙 하니 자기 방으로 가버릴 것입니다. 부모가 이성적으로 접근하다 보면 알게 모르게 아이의 감정을 건드리므로 더욱 감정적이 된다는 것이지요.

:: 남 탓을 하지 않는다

자신이 이해받지 못한다는 느낌과 자기편이 없다는 느낌이 들면 남 탓을 하게 됩니다. 또한 지적을 받고 야단맞는 상황이 많아져도 남 탓을 하게 되지요. 부모가 아이의 감정을 수용하고 기다려주는 태도를 보이면, 야단과 지적을 덜하게 됩니다. 그만큼 아이는 이해받는다는 느낌이 들기 때문에 남 탓을 덜하게 되지요.

:: 나의 감정과 남의 감정을 구분한다

이것은 아주 중요합니다. 많은 부모들이 나의 감정과 아이의 감정을 구분하지 않고 야단을 칩니다. 아이가 속상해하는 것을 보면 내 감정이 흔들리고 마음이 아파서 야단을 치는 경우도 있습니다. 나와 남이 구분되어야 상황에 대한 영향을 덜 받을 수 있습니다. 어릴 때는 사실 나의 감정과 남의 감정을 제대로 구분하는지 잘 드러나지 않지만 이것은 성장할수록 표가 납니다.

아이가 자기 맘대로 되지 않아 짜증이 난 상황인데 이 모습이 자칫 부모에게 화내는 것처럼 보일 수도 있습니다. 이럴 때 보통 부모들은 "왜 어른에게 짜증 내냐!"면서 화를 내지요. 이때 부모의 감정이 아니라 아이의 감정을 헤아려야 합니다. "짜증 났어? 왜 기분이 안 좋을까?"라고 물어봐주는 게 좋습니다. 그런 다음 아이가 엄마 아빠에게 짜증 내는 것이 아니라 그냥 자신에게 짜증 난 것임을 직시할 필요가 있겠지요. 누구에게 화가 난 것인지 파악하는 건 나와 남의 감정이 구분된다는 걸 알아야만 가능합니다.

:: **세상 앞에 당당하게 선다**

나에게 가장 중요한 누군가(부모)가 나를 이해하고 받아준다면 나는 세상을 향해 자신감이 생기고 당당해집니다. 자기주장을 당당하게 하고, 요구를 당당하게 하며, 거절을 적절하게 수용할 줄 알게 된다는 것이지요. 아이도 마찬가지입니다. 아이는 자신의 요구가 거절되어도, 요구만 거절된 거라 여기기에 또 다른 수용 가능한 요구를 할 수 있게 됩니다.

/ Chapter · 03 /

아이의 학교 문제 앞에 긴장하지 않을 엄마는 없다
―아이의 학교생활―

　많은 부모가 교육에 적극적이며 어떤 경우는 적극적이다 못해 부모가 학교를 다니는 수준의 열정을 보이고 있습니다. 사회적인 분위기도 이렇게 흘러갑니다. 아이가 학교생활에 관해 이야기하지 않으면 너무나 궁금해서 엄마가 학교에 찾아가고, 다른 엄마들을 통해 아이의 생활을 듣지 않으면 불안하고, 안심이 안 되는 부모들도 많습니다.
　그런데 아이의 학교생활에 적극적인 부모나 그렇지 않은 부모 모두 자신의 행동이 과연 아이에게 도움이 되는지에 대해서는 석연치 않은 듯합니다. 즉 부모는 아이의 학교생활에 대해 어디까지 알아야 하고 개입해야 하는지가 항상 고민스럽다는 것입니다. 아이 학교생활에 대한 부모 태도에 따라 아이는 성적 지상주의와 능력 지상주의 속에서 상처를 받을 수도 있고, 그런 가치에 흔들리지 않고 꿋꿋하게 성장할 수도 있습니다.

부모의 최대 관심사, 아이의 수업 태도

어느 부모든 아이가 수업시간에 열심히 참여하길 바라고 발표도 열심히 하길 바랍니다. 간혹 주변 엄마들을 통해 아이의 수업 태도를 듣는 경우가 있는데, 아이의 태도가 좋지 않다는 말을 들으면 기분이 상당히 나쁘고 걱정스럽습니다. 그래도 대수롭지 않게 여기던 부모도 참관수업을 가서 아이의 태도를 직접 보고 나면 갑자기 조급해집니다. 그래서 선생님을 찾아가서 어느 정도인지 파악해보기도 하고, 아이에게는 "너 학교에서 수업시간에 딴짓하면 혼난다."라고 주의를 줍니다.

엄마의 조급한 마음은 아이가 아침에 등교할 때부터 나타나기 시작합니다. "오늘 뭐라고? 딴짓하지 않기!! 알겠지?" 아이가 돌아오는 오후에는 그것을 꼭 확인하지요. 아이는 어떤 때는 딴짓을 안 했다고 하고 어떤 때는 조금 했다고 하는데, 엄마는 이 말을 믿을 수가 없지요. 그래서 선생님에게 틈틈이 확인합니다. 이토록 아이에게 주의를 줬는데도 행동이 확 달라지지 않으면 엄마는 점점 감정적으로 야단을 칩니다. 부모 딴에는 아이가 제대로 주의를 받지 않아서 때론 무섭게 하지 않아서 그럴 거라고 여겨 계속 주의를 줍니다. 만약 아이가 정말 몰라서 그렇다면 알려줘야겠지요. 하지만 실제로 그보다는 다른 경우가 더 많습니다.

　우선 아이가 학습 부담이 많은지, 놀고 싶은데 못 놀고 있는지, 눈이 나쁜지, 주의력에 문제가 있는지 등을 전반적으로 점검해보십시오. 많은 부모들이 학교에서 아이가 딴짓을 해도 공부 분량을 줄이고 싶지는 않아 합니다. 공부 분량을 줄이지 않고도 아이가 잘해주기를 바라지요. 그런데 아이들에겐 받아들일 수 있는 공부 분량의 한계가 있기 때문에 이 이상을 넘어가면 부작용이 생깁니다. 잠시라도 아이에게서 시선을 거두면 아이는 딴짓을 하는 것이지요. 그러다 보니 점점 아이를 감시해야 하는 상황이 되어버립니다. 이것은 썩 좋은 상황은 아니지요. 그럼 아이의 변화를 위해 부모는 무엇을 해야 할까요?

∷ 학습량을 줄이지 않고 아이가 변하길 기대하지 말자

　앞에서도 언급했지만 '공부는 해야 하니까 그냥 두고' 아이를 바꾸려 하지 마십시오. 물론 공부는 해야 합니다. 그런데 아이가 오랫동안 꾸준히 스스로 열심히 하게끔 하려면 지금 잠시 학습량을 줄여야 할 수도 있습니다. 눈앞에 보이는 결과만 얻으려 하지 말고 길게 보십시오. 당장 눈앞의 결과가 미래를 결정할 것처럼 보는 것이 문제입니다. 다른 집 아이들이 다 하는데 공부를 줄이기도 그렇고, 중간고사를 소홀히 하기도 그렇고, 이런 이유로 미루면 기회는 없습니다. 시험은 정기적으로 다가오고 마음의 조급함은 여전히 내 속에 있기 때문입니다. 아이 학습의 긴 호흡을 위해 아이와 의논해서 학습량을 줄여보는 것도 필요합니다.

학교와 학원의 비중을 볼 때 장기적인 대책으로는 학교생활에 비중을 더 두십시오. 학교에서 내주는 숙제나 학교생활 등이 제대로 되게끔 도와주고 그 이후에 조금씩 추가하세요. 학원 등을 줄이는 걸 아이에게 이야기해보고 아이가 다 하겠다고 한다면, 시간을 주고 잘 생각해보게 합니다. 부모의 태도가 단순한 으름장이 아닌 진심이라는 것을 보여주십시오.

:: **매일 똑같은 주의를 주지 말자**

같은 말이 몇 번씩 반복되면 잔소리가 되고 듣기 싫어집니다. 아이에게 주의력 문제가 있는 게 아니라면, 딴짓의 원인을 찾아 주변정리를 해주는 것이 더 효과 있습니다. 계속 주의를 주고 확인하는 행동은 아이에게 '나는 너를 못 믿는다.'는 메시지를 전달하기 때문에 상당히 불쾌한 감정이 생기게 됩니다. 그 결과 아이는 변명이 늘어납니다. 수업 태도를 고치려고 노력하기보다 말입니다. 주의를 주는 건 문제해결이라기보다는 가지치기에 불과합니다. 부모는 정기적으로 선생님과 통로를 열어놓고 아이의 수업 태도를 확인하면서 노력하는 것이 필요합니다.

:: **잔소리를 줄이자**

집에서 '숙제해라, 공부해라.' 같은 학업 잔소리를 줄이면 아이의 학교생활이 원활해집니다. 아이가 부담에서 벗어나면 학교에서 편안한 마음으로 수업에 집중할 수 있기 때문입니다.

:: 놀이 욕구가 있는지 확인하자

놀이 욕구가 있는 아이들은 많이 놀 기회를 주면 좋아집니다. 이런 경우는 타고난 활동량이 많은 아이들이 대부분입니다. 아이가 바깥에서 놀 기회가 적으면 수업시간에 가만히 앉아 있지 못한다는 것을 기억하십시오. 에너지를 어느 정도 소진시켜야 한다는 것입니다.

만일 아이가 지나치게 산만하고 학교에서 여러 번 지적을 받으면 전문기관을 찾아 검사해보는 것도 한 방법입니다. 그렇게 해서 아이의 부족한 부분을 도와주는 것도 부모의 역할입니다. 어떤 부모는 검사를 받으면 아이에게 낙인이 찍힐까 봐 하지 않는데, 오히려 평상시 아이 행동 때문에 학교에서나 친구들에게 부정적인 낙인이 찍힐 수 있다는 것을 알아야 합니다.

학교생활의 복병, 아이의 숙제에 대해

학교 숙제는 아이가 배운 것을 알 수 있도록 복습, 예습할 기회를 주는 것이고, 숙제를 통해 아이 실력을 키우기 위한 것입니다. 그런데 언제부턴가 숙제가 선생님에게 보여주는 '잘 해가야 하는 작품'으로 변질되고 있습니다. 그래서 조금이라도 어설퍼 보이면 부모가 끼어듭니다. 결국은 아이가 숙제를 하지 않고 부모가 거의 다 하게 되지요. 부모가 못 미더워서 아이의 숙제를 돕는 것은 아이의 숙제를 공부 목적이 아니라 아이가 다른 아이보다 낫다는 것을 보이기 위한 수단으로 본다는 것입니다. 평가과정에서 열심히 하기보다는 평가만 좋게 받기를 원하는 것과 마찬가지입니다. 결과만 좋으면 된다는 것이지요.

물론 학교 선생님이 잘한 숙제에 대한 평가가 후하기 때문에 부모가 끼어드는 경우도 있겠지요. 그렇지만 선생님들도 부모들이 한 숙제인지 아이가 한 숙제인지를 알고 있습니다. 어떤 선생님은 부모가 한 숙제에는 아예 점수를 주지 않는다고 합니다. 이것이 바람직한 교육 현장의 모습이겠지요.

그렇다면 아이 혼자 하기에는 숙제가 버거워서 부모가 도와줘야 할 경우는 어떨까요? 흔히 저학년 그림과제나 숙제들은 다 부모의 몫이라고 합니다. 하지만 아이를 도와주는 것과 전적으로 부모가 하는 것은 분명 차이가 있습니다. 부모가 도와주는 것은 아이가 잘 모르겠다고 말할 때 옆에서 격려해주고 참조할 아이디어를 나누는 것입니다. 부모가 아이 숙제에 이것저것 끼어들어 다 한 다음, 아이는 이름만 쓰거나 부모가 불러주는 대로 받아쓰는 상황은 부모가 숙제를 하는 것이지요. 아이에게 잘못 썼다며 다시 하라고 윽박지르다 보면, 아이에게 숙제란 지옥 같은 경험으로 남습니다. 아이들이 숙제를 어설프게 하는 것도 부모가 받아들일 수 있어야 합니다. 지금은 못해도 아이 학년이 올라가면 점점 잘할 수 있기 때문입니다. 무엇이든 경험해야 익숙해집니다. 그 과정을 부모가 빼앗지 마십시오.

아이가 해야 할 일이라면 무조건 죽이 되든 밥이 되든 내버려두라는 것은 아닙니다. 틈틈이 "도움이 필요하면 이야기해. 도와줄게."라고 말해주세요. 그리고 아이가 도와달라고 부탁할 때까지 기다립니다.

필요할 때 남에게 도움을 청하는 것은 훌륭한 자기관리이며 사회성의 발달에도 좋습니다. 그런데 아이가 전부 도와달라고 하는 경우도 있지요. 이럴 때는 우선 도와주고, 아이가 어떤 것을 할 수 있을지를 같이 이야기해보세요. 되도록 아이가 하는 부분이 많아지게 하십시오. 아이가 부모에게 전부 도와달라고 할 때는 여러 이유가 있습니다. 나만 숙제 한다는 억울함이 있거나, 준비가 거의 안 되어 있는 경우 등입니다. 그러므로 아이가 하는 부분을 조금이라도 포함시키고, 점점 그 부분을 넓히는 과정이 필요합니다.

아이: 엄마, 나 일기 쓰기 싫어. 도와줘.
서투른 엄마: 너의 일인데 왜 도와줘?

아이: 엄마, 나 일기 쓰기 싫어. 도와줘.
현명한 엄마: 뭘 도와줄까?
아이: 다.
현명한 엄마: 어떤 것을 쓰고 싶은데?
아이: 몰라.
현명한 엄마: (그날 있었던 일을 여러 가지 제시해본다)
아이: 그거 말고….
현명한 엄마: 그럼 지금 너의 마음을 글로 써보면 어떨까?

어떤 아이들은 일기 문장을 만들어줘야 하고, 일일이 불러줘야 하는 경우도 있지만, 부모가 조금씩 뒤로 물러설 준비를 하고 접근해야 합니다. 그렇게 하려면 기다림이 필요합니다.

어떤 부모는 아이가 중요과목만 공부하면 된다면서 바느질이나 만들기 등은 부모가 다 해주기도 합니다. 하지만 학습에는 국·영·수만 있는 것은 아니며 다른 과목들도 학습 특징들이 있습니다. 이 학습들은 인생을 살아가는 데 다양한 경험을 하게 해줍니다. 부모의 이러한 행동은 아이에게 주요 과목만 학문이고 다른 과목들은 수준 낮은 것이라고 가르치는 꼴입니다.

아이가 숙제를 다 하지 못하면, 많은 부모들이 대신하거나 어떤 식으로든 아이가 선생님에게 야단맞지 않도록 하려고 합니다. 아이가 숙제를 다 못했다면 그에 상응한 대가를 치르는 것도 배워야 합니다. 아이의 이미지에 안 좋다구요? 그걸 아이가 느낀다면 큰 공부를 한 것입니다. 그로 인해 아이가 숙제를 해가려 하는 것도 필요합니다. 야단을 맞아야 하면 야단을 맞고, 그것이 정말 싫다면 숙제를 하겠지요.

알림장과 준비물, 가방 챙기기, 등교하기

아이가 학교생활을 잘하고 있는지의 척도는 알림장을 제대로 써오는지, 준비물을 제대로 챙기는지, 친구관계가 좋은지, 숙제를 열심히 하는지 등입니다. 하지만 많은 부모들이 '성적=학교 적응의 척도'라고 여깁니다. 물론 성적도 척도가 되지만, 이것이 전부는 아니지요. 아이가 학교시간에 맞추어서 즐겁게 가려고 하고 선생님의 지시(알림장, 준비물 등)를 잘 따르는 것이 훨씬 더 많은 것을 말해줍니다.

아침에 등교할 때 전쟁인 집이 많습니다. 많은 부모들이 '아이들이 일어나지도 않고, 깨워 놓으면 멍하니 앉아 있고, 밥도 먹는 둥 마는 둥 하고, TV를 보려고 한다.' 같은 불만들을 이야기합니다. 꼭 야단치고 소리를 질러야 아이가 움직인다고요. 그런데 신기하게도 학교 가지 않는 날은 깨우지 않아도 일찍 일어나고, 학교에 뭔가 기분 좋은 일이 있으면 알아서 일찍 갑니다. 이런 것을 보면 분명 아이의 기분에 많이 좌우되는 것 같습니다. 또한 아이 스스로 느껴야 변화가 가능한 것 같습니다. 아침 전쟁은 그냥 아이의 잠이 부족해서일까요?

초등학교 1학년 때는 아이가 스스로 준비하기가 힘들기 때문에 부모가 도와줄 필요가 있습니다. 대신 부모가 아이 가방에서 알림장을 꺼내서 볼 것이 아니라 아이에게 "오늘 알림장에는 뭐가 있어? 준비물은? 엄마에게 이야기해줘."라고 해야 합니다. 엄마가 먼저 챙기고, 뭔가 빼먹은 느낌이 든다고 친구집에 엄마가 전화하는 행동 등은 자제해야 합니다. 이렇게 챙겨주는 것이 아니라 아이가 직접 하도록 기다리는 것이 부모 역할입니다. 만약 알림장이 컴퓨터로 게재된다면 이것 역시 부모가 열어볼 것이 아니라 아이가 하도록 합니다. 이렇게 해야만 이것이 누구의 일인지를 명확하게 할 수 있습니다.

가방 역시 아이 스스로 챙기되 부모가 옆에서 '부드럽게' 말로 체크해주는 것이 좋습니다. 부모가 '혹시 교과서나 준비물을 빠트려서 수업을 못하거나 혼나면 어떻게 하지?'란 생각에 직접 나서면 앞으로도 계속 나서게 됩니다. 점점 아이가 아니라 부모가 학교에 다니는 상황이 되지요. 또한 아이는 준비물 중 뭔가를 빠트리기만 해도 부모 탓을 하게 됩니다.

부모가 나서서 챙기지 않으면 아이가 준비물을 잘 챙기지 못하는 일도 생깁니다. 그렇게 되면 부모가 마음이 급해져서 준비물을 학교에 가져다주는 친절(?)을 베풀게 됩니다. 아이가 야단을 안 맞게 도와줬으니 좋은 부모일까요? 아이가 자기 일임을 알게 하려면, 옆에서 도와준 후, 그 다음 결과에 대해서는 기다리는 자세가 필요합니다. 만일 준비물을 못 가지고 갔다면 아이가 엄마에게 전화해서 준비물을 갖다 달라고 부탁할 것입니다. 처음 한 번 정도는 들어줄 수 있습니다. 그러고는 엄마가 먼 곳에 있으면 다음에는 못 갖다 줄 수 있으니까 잘 챙기라는 당부도 해줍니다. 다음에 그런 일이 있으면 가져다주지 않아야 합니다. 부모는 아이가 야단을 맞으면 큰일이 나는 것처럼 여기는데 자신의 할 일에 대해 선생님의 지적을 받는 것이 꼭 나쁜 것만은 아닙니다. 그래야만 아이는 자기 일로 여겨 스스로 하게 될 것입니다.

사실 부모 손으로 모든 것을 해결하려고 하면 부작용이 큽니다. 아이의 모든 것을 부모 책임으로 돌려서는 안 됩니다. 아이의 것은 아이에게 돌려줘야 합니다.

아이의 아침잠은 학교생활과 관련 있습니다. 공부가 부담되거나 친구관계가 좋지 않아서 학교생활이 재미없으면, 아이가 아침에 일어나는 게 쉽지 않을 것입니다. 이런 부분들은 부모가 잘 찾아서 해결해줘야 합니다. 그러면 아침잠도 자연스럽게 해결되겠지요.

일반적인 상황을 하나 들어보겠습니다. 아이가 저녁에 자지 않으려 합니다. 그러면 부모가 "내일 아침에 일어나기 힘들지 않겠니?" 하고 물어보세요. 그냥 "빨리 안 자!" 하고 소리 지르지 말고 말입니다. 소리 치는 순간부터 학교 가는 일의 책임이 부모에게로 옵니다. 아이가 부모의 야단 때문에 들어가서 자는 것이니까요. 아이가 아침에 일찍 일어나고, 깨워도 짜증 부리지 않을 거라고 한다면, 그냥 믿고 아이에게 몇 시에 잘 것인지 정해서 그 시간에 자게끔 배려합니다. 물론 아이는 잠이 모자라니 아침에 피곤하겠지만, 자신이 한 말이 있으니 짜증을 안 내려고 노력할 것입니다.

그런데 아이가 피곤해하는 모습을 보면 부모는 안쓰럽다 보니 화가 납니다. 그래서 왜 늦게 자서 그러냐면서 야단을 치지요. 이것을 한 걸음 물러서서 생각해봅시다. 내가 아니라 아이가 피곤한 것입니다. 이것 역시 아이가 경험하도록 두십시오. 아이 스스로 피곤하다 싶으면 자연스럽게 일찍 자려고 하고, 스스로 관리하려 할 것입니다.

아이가 학교에 갈 시간이 되었는데도 행동이 굼뜨면 야단보다는 몇 시에 갈 것인지부터 물어봅니다. 그리고 시간이 얼마 남지 않았다는 것을 알려주고, 빨리 준비했으면 좋겠다고 부드럽게 이야기합니다. 그러고도 아이가 늦게 가면? 그냥 두십시오. 선생님의 지적을 받게 되면, 아이는 앞으로 빨리 가려고 할 것입니다. <u>부모가 책임을 가지고 있으면 아이는 책임지는 행동을 하지 않습니다.</u> 부모가 문밖으로 밀어내면 아이는 '느릿느릿' 학교에 갑니다. 아이 스스로 준비할 때는 늦었을 경우 뛰어갑니다. 이것은 이 상황의 주체가 누구냐에 달려 있습니다. 주체를 분명히 하면 책임 소재도 분명해지고 간섭하는 선도 그어질 것입니다.

이렇게 했더니 아이가 자꾸 늦게 간다고요? 그럼 이유를 찾아보십시오. 지각이 아닐 수도 있고, 선생님이 빡빡하게 확인하지 않는 것일 수 있고, 때론 관심을 끌기 위한 행동일 수도 있습니다. 앞의 이유들은 그냥 두면 되지만, 지각 자체가 습관으로 굳는다면 다른 의미가 숨어 있기 때문에 원인을 찾아 적절히 해결하는 것이 필요합니다.

<u>정말 큰 사랑은 아이에게 문제가 생기지 않도록 도와주는 것이 아닙니다. 바로 아이가 문제 상황에 놓였을 때 어떻게 대처할지 배울 기회를 빼앗지 않는 것입니다.</u>

/ Chapter • 03 /

아이의 거짓말을 현명하게 다루는 엄마의 사랑 표현

―아이의 거짓말―

정직함은 인격의 중요한 요소입니다. 많은 부모들이 아이가 정직하기를 바랍니다. 정직함에 대해 도덕성을 이야기할 때 말하지 않고 여기에서 이야기하는 이유는 죄를 짓는 상황이 아니라면, 정직에 대해 혹은 거짓말에 대해서 좀 더 다른 시각으로 살펴봐야 하기 때문입니다.

상담현장에서 "우리 애가 요즈음 거짓말을 너무 많이 해요."라는 말을 자주 듣습니다. 그런데 대부분의 부모들은 세 살짜리 아이나 큰 아이나 할 것 없이 다 거짓말을 했다고 이해합니다. 사실 세 살 아이는 거짓말을 할 줄 모릅니다. 거짓말이 아니라 상황을 파악하지 못하는 것뿐이지요. 거짓말의 시작은 학령기 직전(만 5~6세)입니다. 아이가 돌아가는 상황을 알고, 그 상황을 자신에게 유리하게 의도적으로 바꿔서 말하는 것이 거짓말입니다. 이때는 양심이 발달하는 시기이기 때문에 아이는 거짓말임을 알고서 합니다. 물론 지적인 능력이 정상일 때 이야기입니다. 발달이 조금 떨어지면 이 부분도 조금씩 지연되므로 참조해야 합니다.

그렇다면 아이가 왜 거짓말을 할까요? 거짓말에 대한 심리학적인 접근은 오래 전부터 있어 왔는데, 공통 견해는 이러합니다. <u>사람은 누구나 실수나 잘못을 합니다. 그런데 심리적으로 '자신이 저지른 실수나 잘못'을 인정한다는 것이 너무 힘들기 때문에 거짓말이 생겨난다는 것이지요.</u> 결국 자기를 정당화하려는 작업을 한다는 의미입니다. 그렇다면 실수나 잘못에 대한 스스로의 생각이나 주변의 생각에 따라 거짓말의 정도도 달라질 것입니다. 자기를 정당화해야 하는 상황에 자주 놓이면 그만큼 거짓말이 늘게 됩니다. 자기를 정당화할 때 많은 사람들이 변명을 합니다. 이러한 것들이 더러는 거짓말로 옮겨지고, 도덕적이지 못한 부분으로 발달하는 것이지요.

아이들의 거짓말 역시 이런 측면에서 살펴봐야 합니다. 결국은 부모가 자녀를 어떻게 인식하느냐에 따라 아이가 거짓말이라는 도구를 자주 혹은 적게 사용하게 된다는 것이지요. 그럼 아이들이 거짓말을 하는 상황을 한번 살펴볼까요?

:: **부모의 양육 태도가 엄할 경우**

실수나 잘못을 인정하기 쉬운 환경에서 자란 아이는 거짓말이란 도구를 덜 씁니다. 그런데 실수나 잘못에 대해 야단과 비난을 지속적으로 받는다면, 아이는 자신을 비하할 수밖에 없습니다. 자신이 '좋지 않은 사람'으로 인식되어 있다면 그렇지 않다는 것을 보여주고 싶은 것이 사람 마음입니다. 그래서 자신에게 유리하도록 거짓말을 하는 것이지요.

그래서 부모가 아이를 정직하게 키우려고 노력했는데, 정작 아이들이 정직하지 않아 상담소를 찾는 경우가 종종 있습니다. 부모가 거짓말을 하지 말라고 다그치다 보니, 아이는 부모가 무서워서 오히려 더 거짓말하게 되는 것이지요. 거짓말은 다그칠수록 더 커지는 성질이 있습니다. 혹시 아이에게 부모가 무서운 존재로 각인되어 있지는 않습니까?

:: 자신을 포장하고 싶은 마음

거짓말로 포장하는 경우는 두 가지입니다. 한 가지는 실수를 각색해서 자신이 나쁘지 않다고 말하고 싶은 경우입니다. 실수로 인해 자신이 좋지 않은 사람으로 비춰지기를 원치 않아서(이 경우는 실수로 인해 자주 지적받았을 때) 거짓말을 하는 것이지요. 다른 한 가지는 없는 상황을 만들어내는 경우입니다. 실수와는 상관없이 자신의 현실을 각색하는 것이지요. 아이가 관심을 충분히 받지 못했을 경우 자꾸 이야기를 꾸며서 자신에게 주의를 끌려고 합니다. 이것이 지나치면 남을 속이면서 주의를 끄는 법을 익히게 됩니다. 또한 관심 이상의 이익을 얻기 위해 사기성이 키워질 수도 있습니다. 때론 현실에 만족하지 못해서 자꾸 상상의 나래를 펴서 해소하기도 하는데, 아이는 이것이 진실인지 상상인지를 스스로 구분 못할 때도 있습니다.

:: 다른 사람에 대한 공격심의 표현

또 하나 짚고 넘어가야 할 것은 다른 사람에 대한 거짓말입니다. 이것은 남에 대한 공격의 표현입니다. 없는 사실을 꾸며내서 다른 사람을 헐뜯고 욕하는 것입니다. 때론 자신과 직접 관계가 없어도 내면에 공격심이 많으면 불특정 다수에 대해 거짓말로 비난하고 욕할 수 있습니다. 이것은 심각한 상황입니다. 조기에 문제를 해결하지 않으면 안 됩니다. 이것은 도덕적으로 범죄행위가 될 수도 있습니다.

:: 상상력과 거짓말의 구별

아이가 동화책이나 TV에서 나온 만화를 보면서 엉뚱한 이야기를 하는 경우가 있습니다. 이럴 때는 상상으로 받아줘야지 현실로 받아서 "그건 아니지."라고 정정하는 것은 아이를 이해 못하는 행동입니다. 함께 상상의 나래를 펼치고 그것이 상상임을 공유하고 현실로 돌아오면 됩니다. 너무 정직을 강조하는 부모들은 이런 것조차도 거짓말이라고 야단을 칩니다. 이런 반응은 아이의 생각주머니를 작게 만듭니다.

아이를 거짓말로 내모는 것들

아이가 거짓말을 덜하게 만들려면 우선 부모가 원인을 찾아보는 것이 중요합니다. 아무리 좋은 의도로 아이를 대했더라도, 이것이 거짓말을 하는 이유가 된다면 과감히 방향을 바꾸어야 합니다. 아이가 야단을 맞지 않고서도 자신의 실수를 말할 수 있는 분위기가 필요하다는 것이지요.

:: 우리 아이가 관심을 받고 싶은 게 아닐까?

아이가 관심 받고 싶은 욕구로 거짓말을 한다면, 부모는 아이의 거짓말이 아니라 관심을 어떻게 줄 것인가를 고민해야 합니다. '사랑의 빈자리가 어디서 생겼을까?'라고 스스로 물어보세요. 내가 아이에게 무관심한 부분이 무엇인지 생각해보십시오.

야단과 비난을 많이 들으며 자란 아이들은 내면에 분노를 키워나갑니다. 이것이 자라면 다른 사람을 비난하고 공격하기 위해 거짓말을 사용할 수 있습니다. 맘 편히 말하라고 해도 말하기가 쉽지 않은 것이 자신의 실수나 잘못입니다. 그렇기 때문에 아이가 부모를 편안하게 생각할 수 있는 분위기를 만들어야 합니다. 우선 야단과 비난을 덜하기만 해도 도움이 됩니다. 아이와 편안한 관계를 만들어야 아이가 자기 실수를 인정하기 쉽고 사과하기도 쉽습니다. 이러한 노력을 기울이세요. 그 대신 아이가 거짓말을 하지 않고 솔직하게 이야기하면 "고맙다."고 말해주고 "다시는 그러지 않도록 조심하자."라고 주의를 줄 필요는 있습니다.

아이가 실수를 인정해도 자아 존중감이 손상되지 않도록 자아 존중감을 키워주는 것도 필요합니다. 자아 존중감을 키워주는 방법들은 앞에서 다룬 아이의 발달 단계를 다시 한 번 참조하면 됩니다. 자아 존중감이란 내가 '귀한 존재'라고 느끼는 것입니다. 즉 귀한 존재로 대접받아야만 가능합니다. 아이를 귀하게 대접하는 것이 결코 과잉보호를 뜻하는 건 아닙니다. 아이를 내 마음대로 좌우하지 않으려 노력한다면 아이의 자아 존중감은 커질 것입니다. 또 하나 좋은 방법은 이 상황에서 남이 나를 이렇게 대접한다면 어떤 기분이 들지 입장을 바꿔서 생각해보는 것입니다. 상황마다 말입니다.

:: 즉각적인 개입은 피하기

고학년 아이들 경우, 분명 거짓말하는 것 같은데 물어보면 아니라고 답하는 경우가 많습니다. 이럴 때는 "내가 확인해보니까 이렇던데!"라고 즉각적으로 다그치지 마십시오. 시간이 조금 흐른 다음에 "그래? 나는 이런 줄 알았는데."라고 말하고, "이야기하고 싶을 때 솔직하게 이야기해줘. 엄마는 솔직하게 말하는 게 용기라고 생각해."라고 넘어갑니다. 같은 일이 반복되면 "지난번에 이런 일이 있었다면서."라고 말을 하면 됩니다. 별일 아니었던 것처럼 평소 같은 목소리로 말입니다. 내가 야단은 치지 않지만 알고 있다는 것을 아이에게 알릴 필요가 있습니다. 단, 지나치게 문제 삼지 않아야만 아이를 다루기가 쉬워집니다.

즉각 대응을 하다 보면 아이는 더 거짓말을 하고 거짓말이 밝혀질 경우 야단을 더 크게 맞게 됩니다. 나중에는 아이의 자존감이 더 내려가게 됩니다. 그러니 즉각 대응으로 거짓말을 크게 만들지 말고 상황을 확대시키지 않는 범위에서 해결해주세요.

:: 부모가 거짓말을 하지 않기

구태의연한 소리일 수 있지만, 부모가 모범을 보여야 합니다. 물론 이것이 주된 해결책은 아닙니다. 아주 모범적인 부모에게도 거짓말을 무지 잘하는 아이들이 있습니다. 아이에게 욕구 불만을 만드는 부모일 경우는 부모가 정직해도 그다지 영향력이 없습니다. 아이에게 거짓말을 하지 말라고 가르쳤기 때문에 아이 내면에 죄책감은 클 수 있지만, 행동은 정반대일 수 있다는 것입니다. 그러므로 아이의 욕구를 채워주면서 부모가 모범을 보이는 것이 중요합니다. 욕구 충족과 모범적인 행동은 병행되어야 합니다.

또한 아이들 앞에서 사소한 거짓말을 자주 하는 부모들이 있습니다. 불편한 상황을 넘어가려고 자꾸 변명하거나, 둘러대는 식으로 상황을 무마하는 경우이지요. 이런 작은 거짓말들도 아이들 눈에 다 포착됩니다. 부모의 이런 모습들에서 아이는 상황을 넘어가는 방법을 배웁니다. 위기를 모면하는 수단으로 거짓말을 사용하게 되지요. 그러니 아이가 거짓말을 하지 않길 바란다면 사소한 상황에서 부모의 행동을 반성해볼 필요가 있습니다.

결국 거짓말은 부모와 자녀 사이의 '관계의 거울'인 셈입니다. 어느 정도 친밀한지를 보여주는 것입니다.

생활에서
피할 수 없는
아이와의 힘겨루기

Chapter · 04

부모와 아이가
함께 행복해지는 관계 맺기

/ Chapter • 04 /

아직도 엄마를 찾는 아이, 공부는 안 하고 놀기만 하는 아이

―아이와의 놀이―

상담현장에서 많은 부모들이 하는 질문이 바로 '아이와 언제까지 놀아줘야 하는가'입니다. 사실 딱 정해진 시기는 없습니다. 아이들이 부모가 필요한 시기에 충분한 상호작용을 하고 나면 점점 부모보다는 친구와의 관계로 확장되어가니까요.

아이가 유치원 때나 초등 저학년 때까지는 친구만이 아니라 부모와도 같이 놀아주길 바랍니다. 친구들과 실컷 놀고 와서는 부모랑도 놀기를 원하는 모습을 보면 황당합니다. 이렇게 혼재되는 시점을 지나면 아이는 조금씩 친구와의 놀이로 넘어갑니다.

그런데 많은 부모들이 어릴 때부터 부모보다는 되도록 친구들과 놀게 하려고 무지 애를 씁니다. 이것이 사회성을 키우는 사랑이라고 착각하는데, 이거야말로 방치며, 방임입니다. 아이의 '놀아달라'는 요구는 부모의 사랑과 관심을 확인하는 좋은 시간입니다. 그러니 부모는 아이와 충분히 놀아줘야 하지요.

아이의 놀이에 100% 맞춰주기

아이들이 놀아달라고 요구할 때와 내가 놀아주려 할 때가 공교롭게도 맞지 않을 때가 많습니다. 이것은 단순히 부모가 바쁘기 때문이라기보다 놀아주는 것에 대한 관점의 차이 때문이지 않나 싶습니다. 부모는 아이와 노는 걸 뭔가 베푸는 것으로 여기는 경향이 있습니다. 그러다 보니 내 관점에서만 보게 되지요. 실제로 아이와의 놀이를 여유가 생기면 하는 '자선' 정도로 여기는 부모도 많습니다. 하지만 아이에게 부모와의 놀이는 자선이 아닌 필수사항입니다. 놀이의 주체는 아이이므로, 아이의 놀이에 부모가 반응해야 합니다. 다시 말해 내가 아니라, 아이가 놀고 싶어 하는 놀이를 해주는 것입니다.

물론 정말 여유가 없어서 못할 수도 있습니다. 하지만 여유가 생긴다면 반드시 바로 아이의 요구에 반응해야 합니다. 철저히 자기중심적인 부모가 아니길 바랍니다. 혹시 내 기분이 좋으면 놀아주고 내 기분이 나쁘면 옆에도 못 오게 하지는 않나요? 이것은 부모로서 제대로 된 사랑이라 할 수 없습니다. 아이들이 어릴 때는 집안일보다 아이들 요구에 우선적으로 반응해서 놀아주려는 모습이 필요합니다. 아이들이 커갈수록 부모와의 놀이는 자연스레 줄어듭니다.

놀이의 목적은 교육이 아니라 즐거움!

아이들이 원하는 놀이를 해주는 것이 힘들 때도 있습니다. 당연히 100% 들어줄 수는 없지만 애를 써봐야 합니다. 이때 한 가지 주의할 점은 필요에 의한 놀이가 아니라 즐거움의 놀이가 되어야 한다는 것입니다.

예를 들어 축구나 농구를 '배워야 한다'는 이유로 논다면, 이것은 필요에 의한 놀이입니다. 당연히 아이에겐 즐겁지 않은 놀이가 됩니다. 그 결과 부모는 실컷 놀아줬다고 생각했는데 아이는 '아빠 엄마 마음대로 한다'는 불만만 쌓일 수 있습니다.

지나치게 교육적이거나 학습적인 놀이만을 고집하면 노는 것 자체가 힘들어집니다. 어떤 아이는 아빠와 운동장에서 축구를 하고 싶은데, 아빠는 억지로 등산을 데리고 갑니다. 아이는 갈 때마다 투덜대지요. 그런데 아빠는 "자연과 더불어서 활동하니까 얼마나 좋냐."면서 체력도 키우고 일거양득이라고 합니다. 그런데 아이는 등산을 지옥훈련처럼 생각하니 큰일이지요.

이런 부모일수록 대부분 부모 주도적인 경향이 강하며 "나 같은 부모 없다." 식의 말들을 많이 합니다. 정말 아이에게 맞추어서 잘 놀아주는 아빠들은 아예 이런 말들을 하지도 않습니다. 아이와의 놀이를 그냥 자연스러운 관계로 여기고, 아이를 키우는 과정으로 받아들이며 행복감을 느낍니다.

장난감은 어떤 것으로 해야 할까?

장난감이 놀이도구이긴 하지만 이것이 절대적이지는 않습니다. 다른 것들로도 충분히 놀 수가 있습니다. 그런데 부모가 아이를 위한답시고 아이 나이와 맞지 않는 장난감을 미리 잔뜩 사다 놓는 경우가 있습니다. 이것은 아이를 위하는 것이 아니라 부모가 사고 싶어서 사는 것일 뿐입니다.

부모와 신체놀이나 정서적인 교감이 충분하지 않은 관계에서 성장한 아이들에게 장난감은 때론 놀이도구가 아니라 소유물이 됩니다. 그래서 이것저것 사달라고 요구해놓곤 막상 사주면 놀지 않는 일이 빚어지지요. 장난감 사는 문제가 부모와 아이의 싸움 소재가 되어 버립니다. 아이가 장난감을 사는 데 지나치게 집착한다면 더 많이 놀아주세요. 아이와 함께 깔깔거리고 웃을 수 있는 상황이 많아지면 문제 행동도 줄일 수 있습니다.

물론 유행하는 장난감도 몇 개씩은 가지고 있어야 할 수 있습니다. 그러나 소유에 의미를 갖지 않게 하려면 아이에게 장난감은 도구에 불과하다는 것을 몸소 보여주십시오. 신체놀이나 아이의 욕구에 맞춰서 놀다 보면 주변의 사물들도 장난감이 될 수 있습니다. 때로는 신문지가, 풍선이, 신체가 장난감이 되기도 합니다. 다시 말해, 장난감은 목적이 될 수 없는 것이지요.

그렇다면 아이가 장난감으로 노는 나이는 언제까지일까요? 어떤 부모들은 아이의 입학과 동시에 인형과 장난감을 다 치우기도 합니다. 아이가 장난감을 덜 가지고 논다고 해서 부모가 마음대로 치워서는 안 됩니다. 저학년의 경우는 아직 장난감이 필요할 수도 있으니, 아이가 필요 없다고 할 때 치우는 게 좋습니다.

아이와의 게임, 장난과 약 올리기는 금물!

부모가 많이 놀아주면 아이가 정서적으로 안정되고 사랑스럽게 자라지만, 가끔 이렇게 자라지 못하는 경우가 있습니다. 부모가 아이를 무척 예뻐하는데도 말입니다. 왜 그럴까요? 이것은 부모가 아이와 놀 때 물 흐르듯이 노는 게 아니라 약을 올려가면서 놀기 때문에 그렇습니다. 부모는 재미있는지 모르지만 아이는 약이 바짝 올라서 화나게 되고 결국은 울어버리는 일도 많지요. 아이의 우는 모습도 예쁘다고 하는데, 글쎄요. 아이는 이런 경험으로 부모(어른)를 우습게 여길 수 있으며 버릇이 나빠지는 원인도 됩니다.

아이가 승부에서 이기는 것을 좋아하는 시기(유치원 단계)에는 부모가 져주기도 하고, 마무리를 기분 좋게 끝내줘야 합니다. 놀이에서 부모가 져주면 아이는 규칙을 배울 기회가 없을 거라고요? 그렇지 않습니다. 이기는 것에 유난히 집중하는 시기가 있는데, 이 시기를 제대로 넘어가면 아이도 자연스럽게 지는 것을 받아들입니다. 아이가 지는 것을 못 받아들이는 것은 몰라서가 아닙니다. 아직 지는 걸 받아들일 마음의 준비가 안 되어 있기 때문입니다.

/ Chapter • 04 /

아이의 사소한 행동이 엄마의 걱정을 일으키는 이유
―아이의 버릇없음―

아이의 버릇없는 행동을 보면 대부분 "너무 오냐 오냐 하며 키워서 그렇다.", "할머니가 키워서 그렇다." 식으로 이야기합니다. 이 말들의 내면에는 '아이의 요구를 받아주면 버릇없어진다. 아이를 무섭게 키우지 않으면 버릇이 나빠진다.'는 의미가 깔려 있습니다. 그렇다면 정말 아이를 잘 받아주지 않고, 무섭게 키우면 버릇이 좋아질까요?

분명 일부러 아이 버릇이 나빠지게끔 하려는 부모는 한 사람도 없을 것입니다. 그런데 부모의 생각과 의도대로 되지 않고, 아이가 버릇없이 행동하면 무척 속상합니다. 그렇다면 왜 아이가 버릇없을까요? 심지어 버릇없을까 봐 엄하게 키운 아이들 중에는 버릇이 '엄청나게' 나쁜 아이들도 있습니다. 아이가 무서운 부모 앞에서는 안 그런 척하다가 부모를 벗어나면 마음대로 행동하는 것이지요. 부모는 집에서와 딴 판인, 아이의 버릇없는 학교생활 이야기를 들으면 선생님이 잘못 생각했다고 여기거나 '우리 애가 그런 데는 이유가 있을 것'이라는 식으로 믿지를 못합니다.

아이의 행동을 버릇없게 만드는 것들

아이를 버릇없게 만드는 것들은 무엇일까요? 버릇은 어떤 의미에서 단순히 잘못된 습관으로만 여길 것이 아닙니다. 버릇에는 정서적인 뿌리가 있습니다. 거꾸로 말하면 정서적인 뿌리 상태가 어떠냐를 가늠케 하는 것이 버릇입니다.

버릇이 나쁘다는 것은 사람과의 관계에서 존중하지 못하고, 위아래가 없다는 것을 의미합니다. 이것만 보면 버릇은 아이를 잘 가르치지 않아서 생긴 행동처럼 보입니다. 그런데 부모가 이런 걸 잘 가르치는 집의 아이들도 버릇없이 굽니다. 물론 어른들도 버릇없는 사람이 많지요. 이것은 나이가 든다고 해결되는 것이 아닙니다. 버릇없음을 좀 더 깊이 살펴보면, 다른 사람의 마음이나 감정, 상황을 생각하지 않고 자기 마음대로 하는 것임을 알 수 있습니다.

상담을 하다 보면 버릇이 없는 아이들을 많이 만나는데 아이들의 심리 상태에는 다음과 같은 공통점이 있습니다.

:: '사랑을 못 받았다'는 강력한 표현

물론 사랑을 못 받았다고 해서 아이들이 다 버릇없는 행동으로 표현하는 것은 아닙니다. 사랑을 못 받은 것은 불안이나 과격함, 사회성의 저하, 자신감 저하 등 다양한 모습으로 나타납니다. 그중 어떤 아이들은 버릇없는 행동으로 이것을 표현한다는 것이지요. 특히 기질이 강한 아이들은 자신이 '못 받았다.'는 것에 대해 강하게 표현하는 경우가 많습니다. 부모에 대한 기대가 채워지지 못했기 때문에 부모나 어른들에게 버릇없이 구는 행동으로 강하게 표현하는 것이지요. 기질이 순한 아이들은 상대적으로 평소 이런 모습을 덜 보이지만, 누군가가 자신을 받아주는 듯하면 버릇없는 행동을 나타내기도 합니다.

버릇없는 행동을 유발시키는 부모의 행동은 다양합니다. 대표적인 몇 가지를 꼽자면, 지나치게 부모가 아이의 욕구를 누르거나 무섭게 대하는 경우, 부모 마음대로 이랬다저랬다 아이를 대하는 경우, 부모가 아이에게 약속을 제대로 못 지키는 경우, 부모가 부모 위치에 있어야 하는데 아이처럼 실랑이를 하는 경우, 과잉보호 하는 경우 등이 있습니다. 또한 아이의 요구에 따라 해달라는 것은 해주지만, 아이 입장이 아닌 부모의 입장에서 받아들일지 말지를 결정하는 경우도 이에 해당됩니다.

:: 떼를 써야 요구가 받아들여지는 것에 대한 분노

아이들이 요구할 때 부모가 기꺼이 들어주거나 되도록 빨리 들어주기보다는 아이의 요구를 지연시키다가 아이가 떼쓰고 울어야만 들어주는 경우가 있습니다. 이런 경우 아이들이 버릇없는 행동을 할 가능성이 많습니다. 부모는 빨리 들어주지 않는 건 물건의 소중함이나 그냥 얻을 수 있는 것이 아님을 가르쳐주고 싶어서겠지만, 이것은 아이를 약 올리는 행동이며 약이 바짝 오른 아이는 버릇없이 행동할 수밖에 없습니다.

:: **자신이 부모에게 수용되지 못한다고 생각할 때**

  야단을 많이 맞는 아이들은 어릴 때 주눅이 들어 있습니다. 그러다가 고학년이 되거나 사춘기가 되면 이런 주눅이 외부 세계에 대한 불만으로 표출됩니다. 아주 버릇없는 행동으로 말입니다. 무조건 삐뚤게 행동하기 때문에, 누가 조금만 거슬리게 말해도 버릇없게 반응합니다. 말투나 행동부터 말입니다. 물론 어떤 아이는 이 시기조차 표출하지 못하고 만사 의욕이 없는, 우울한 모습을 보이기도 합니다.

  또한 어릴 때부터 야단을 많이 맞는 아이들 중에는 야단이 너무나 익숙해져서 남들이 뭐라고 하건 신경 쓰지 않는 모습을 보이기도 합니다. 한마디로 야단의 약발이 떨어진 것이지요. 뭔가 지적해도 듣지 않는데, 이것이 때론 버릇없는 모습으로 비춰집니다.

:: **아무도 자신을 좋아하지 않는다고 여길 때**

  부모가 모범적이고 착한 아이로 키우려고 사사건건 지적하면서 아이를 대하거나 아이가 조금만 잘못해도 심하게 야단을 치면, 아이는 부정적인 자아상을 갖게 됩니다. 예컨대 친구들과 갈등이 있을 때도 무조건 친구를 포용할 줄 알아야 한다고 부모가 매번 요구하면, 아이는 세상 살맛이 나지 않을 겁니다. 아무도 자신을 이해해주지 않는다는 마음 때문이지요. 그러다 보니 주변 사람들의 말이나 요구들에 대해 왜곡된 해석을 하고 버릇없게 행동합니다. 매번 지적을 받는 아이는 다른 사람을 지적하는 데도 아주 발 빠릅니다. 특히 어른들의 잘못에 대해서도 말입니다. 아주 버릇없이 보이겠지요.

:: **자신의 성취만 인정받을 때**

부모들은 아이들의 성취에 대해 칭찬을 아끼지 않습니다. 이것이 문제라기보다 이럴 때만 칭찬하고 그렇지 않을 때는 부족하거나 잘못한 것처럼 대하는 태도가 문제입니다. 이러한 부모의 칭찬에 익숙한 아이들은 교만한 마음을 가지기 쉽습니다. 남을 우습게 본다는 것이지요. 특히 아이들이 뭔가 잘하거나 상을 받아오거나 반장, 부반장이 되는 경우처럼 가시적인 성취에만 아이를 인정하면, 아이는 사람을 존중의 대상으로 대하지 못하고 겉으로 드러나는 것으로 평가하게 됩니다. 어른들의 실수도 그냥 넘어가지 않고 지적하고, 자신이 우월하다는 느낌으로 어른들을 대하지요. 한마디로 말해서 '사람들이 우습다.'는 것입니다. 그래서 함부로 하게 되지요.

아이와 마찰 없이 버릇을 잡아주는 방법

만일 아이가 버릇없다면 우선 부모가 아이를 어떻게 대했는지를 깊이 성찰해야 합니다. 만약 우리 아이가 버릇이 나쁘다면 이것은 어디에서 비롯된 것일지 스스로 질문해보세요. 단순히 문제의 원인이 되는 것만 안 하면 될까요? 그런데 어떤 경우는 문제 원인인 행동을 안 하면 오히려 더 버릇없는 행동이 나타나기도 합니다. '어? 우리 엄마가 야단을 안 치네.'란 생각에 아이가 긴장이 풀어진 것처럼 행동할 수도 있습니다. 부모 입장에서는 아이를 받아주니까 더 버릇없이 군다고 느껴서 다시 야단치고 무섭게 대하게 됩니다. 그렇다면 아이의 버릇을 어떻게 고쳐야 할까요?

:: 장기간 기다려주자

부모가 조금 노력하고선 아이가 안 바뀐다고 여기는 것은 너무 조급한 태도입니다. 아이의 행동이 하루 이틀 만에 생긴 것이 아니기 때문에 노력 역시 장시간 해야 합니다. 이중에는 아이들의 행동들이 더 나빠지는 느낌이 들 때도 있습니다. 이 시기는 아이의 쌓인 감정들이 드러나는 것이기 때문에 과도기 행동으로 이해해야 긍정적인 결과를 볼 수 있습니다.

:: 아이를 함부로 다루지 말자

많은 부모들이 사랑한다고 하면서 아이를 함부로 다루는 것을 많이 봅니다. 특히 많은 아빠들이 아이에게 사랑을 표현할 때 타이밍을 잘 맞추지 못합니다. 아이가 귀엽다면서 아이가 싫어하는데도 가서 껴안고…. 아빠가 술 먹고 늦게 들어와서는 자는 아이 깨워서 사랑한다고 하는데, 아이는 기분 나빠하며 화내는 일들이 많습니다. 혹은 아이가 자기 일을 하고 있는데 "아빠가 놀아줄게. 같이 나가서 재미있는 거 하자."며 그냥 끌고 나가기도 하지요. 이런 경우 아이는 어른을 우습게 여깁니다. 아이가 원할 때는 들어주지 않다가 부모가 기분 좋을 때 '이것 줄까? 뭐 할까?' 식으로 아이의 처분을 바라는 것은 헤픈 사랑입니다. 사랑이 헤프면 받는 사람이 사랑으로 받아들이지 않습니다. 아이를 때릴 때 아무 곳이나 때리는 것도 함부로 하는 행동입니다. 아이 머리를 쿡쿡 쥐어박거나 어떤 설명 없이 무조건 화나서 때리는 것도 좋지 않습니다. 앞에서도 말했지만 유난히 약을 올리면서 놀아주는 부모들이 있습니다. 아이의 반응이 재미있다는 이유로 말입니다. 이 역시 아이를 버릇없게 만드는 이유가 됩니다.

:: **아이와 실랑이할수록 버릇은 나빠진다**

　아이와 실랑이를 하는 것은 부모가 아이와 똑같다는 것을 보여주는 셈입니다. 아이와 싸우거나 실랑이를 하면 이것은 부모가 아이 수준이 된다는 것을 의미하고, 아이 역시 그렇게 여깁니다. 이것은 서로 잘잘못을 따지고 있는 것일 뿐 아니라, 내가 잘했다는 것을 상대방에게 보이려는 태도입니다. 부모가 아이에게 지고 싶지 않다는 것인데, 아이 역시 부모에게 지고 싶어 하지 않습니다. 이러한 경우가 잦아지면 아이는 어른을 우습게 여기게 됩니다.

　그렇다면 아이와 실랑이를 하지 않고 어떻게 하는 것이 좋을까요? 우선 부모가 아이의 잘못을 지적할 때 빈정거리는 투로 말하면 안 됩니다. 아이에게 '바보 같다.' 식의 표현들도 자제해야 합니다. 예를 들어 아이가 "엄마가 이렇게 하라고 했잖아."라고 발뺌해도 부모가 여기에 발끈해서 "내가 언제 그랬어!" 식의 태도를 보이지 마십시오. 아이가 따져도 부모는 마음을 다잡고 억양을 낮춥니다. 그러고 나서 다소 부드럽게 "그런 것 같니? 그러면 그런 게 싫어? 엄마가 앞으로 어떻게 할까?"라고 말해주세요. 이렇게 아이의 말을 우선 수긍하고 약간 시간이 지난 다음에 그런 것이 아니었다고 해명하거나 이해시키는 것이 필요합니다.

:: **아이의 말을 귀담아 듣자**

　아이들은 기분이 좋고 행복하면 자연스럽게 부드러워집니다. 아이의 기분이 좋을 때는 버릇없는 행동을 지적해도 잘 받아들입니다. 꾸준히 아이의 말을 경청하고 놀아주세요. 아이가 이야기하면 웃으면서 "그래? 그랬구나!"라고 응해주세요. 아이는 자연스레 부모의 말에 귀를 기울이게 됩니다.

:: **존중 받은 아이가 남을 존중한다**

　아이를 존중하십시오. "아직 애들인데 뭐…."라는 생각으로는 아이들을 함부로 대하게 됩니다. 아이를 부모 마음대로 대하려 들지 말고,

아이의 의사를 귀담아 듣고, 아이와 의견이나 욕구가 다르다면 타협하도록 노력하십시오. 무조건 부모니까 내 말을 따르라는 식은 안 됩니다. 아이를 힘으로 누르면 아이에겐 존중하는 마음이 생기지 않습니다. 아이 내면에 존중하는 마음이 없으면 부모가 무서울 때는 가만히 있겠지만 그렇지 않을 때는 함부로 행동합니다. 아이가 겉으로만 내 말을 잘 따르길 바랍니까? 아니면 부모를 존중하기를 바랍니까? 아이가 존중하길 바란다면 먼저 존중해주세요. 존중 받은 아이가 존중할 줄도 압니다.

∷ 아이의 잘못된 행동을 남 앞에서 지적하거나 야단치지 말자

아이도 어른과 마찬가지로 남의 시선을 느끼는 존재입니다. 그렇기 때문에 버릇없는 행동을 했다면 다른 사람이 있는 데서 야단칠 것이 아니라 남들이 보지 않는 곳으로 이동해서 행동을 지적하십시오. 이것은 무척이나 중요합니다. 그 장소를 벗어나 단호한 목소리로(감정적으로 야단을 치는 것이 아니라 잘못된 이유를 말하고 지적하기) 말하는 것이 중요합니다. 남들 앞에서 지적하면 자칫 아이를 창피 주는 상황이 될 수 있고, 부모가 조심하지 않으면 남의 시선을 의식해서 감정적 접근이 될 수도 있습니다.

어른의 권위는 어디서 비롯될까?

어른의 권위는 공정함에서 비롯됩니다. 아이들도 공정한지 여부를 파악할 줄 압니다. 부모가 화나서 야단을 치는 것인지, 아니면 정말 내가 잘못했는지 등을 알고 있지요.

그래서 아이를 이유 없이 야단치거나 누구만 편애하는 느낌이 들거나 다른 불만을 아이에게 쏟아내는 행동은 아이로 하여금 부모가 공정하지 않다는 마음을 갖게 합니다. 부모가 아이를 속이거나 거짓말을 하는 행동 역시 마찬가지입니다.

아이에게 '어제는 괜찮다고 하고선 오늘은 안 된다.' 식의 일치성이 떨어지는 행동도 마찬가지입니다. 공부에 대해서도 아이에겐 과정이 중요하다고 하면서 막상 성적 결과만 가지고 야단치는 부모도 사실 공정하지 않는 것입니다. 공정함은 앞뒤 말이 맞아야 합니다. 아이들이 싸우면 서로 이해 못해준다고 야단치면서 막상 아이들이 조금이라도 잘못하거나 실수하면 그냥 넘어가지 못하고 심하게 야단치는 것도 공정하지 않지요. 아이들은 사이좋게 지내라고 하면서 부부 간에는 자주 다투는 모습 역시 공정하지 않습니다. 결국 공정하지 않음은 부모가 두 가지 잣대를 가지고 있다는 뜻입니다. 자신에게는 한없이 너그러우면서 아이들에게는 엄한 잣대 말입니다.

아이들이 사소한 것에 화를 내면 "뭘 그것 가지고 화내냐."고 타이르면서 부모 역시 사소한 것에 화를 냅니다. 아이들이 무엇을 사달라고 하면 돈을 아껴야 한다면서 부모는 덜컥 원하는 물건을 사기도 하고,

아이가 오늘 피곤해서 공부하기 싫다고 하면 "그래도 할 일을 해야 한다."면서 아이를 닦달하는데, 정작 부모는 집안일이 힘들다고 아이들에게 생색을 냅니다.

과연 이런 부모의 모습을 보면서 아이들이 부모가 공정하다고 느낄까요? 나는 되고 애들은 안 된다는 태도는 힘의 논리에 의한 권위로 보이게 됩니다. 부모가 공정하지 않으면 아이들은 불만을 갖게 됩니다. 이런 불만이 쌓이면 아이는 부모의 권위를 인정하지 않습니다. 권위는 '무서운 힘'에서 비롯되는 것이 아닙니다. 부모가 정말 나를 사랑하고 이해해준다고 아이가 느껴야만 부모의 권위를 인정합니다. 아이의 버릇을 매나 벌로 잡으면 이것은 힘으로 잡는 것입니다. 물론 매나 벌을 줘야 할 때도 있습니다. 하지만 이것이 주된 해결이 되지 않았으면 합니다. 어른의 권위는 밑에서 세워주는 것이 아니라, 스스로 권위 있는 행동을 할 때 세워지는 것입니다. 부모가 자신의 권위를 세워 달라고 아이에게 요구할 것이 아니라 어떻게 행동하는 것이 권위 있는지를 파악해야 합니다.

아이가 버릇없이 굽니까? 그렇다면 아이에게 어른을 어떻게 대해야 하는지 훈계하고 교육하기 전에, 부모의 양육 태도를 한 번 되돌아보십시오.

아이가 욕을 할 때는 어떻게 해야 하나?

부모와 아이가 서로 존중한다면 언어 표현은 훨씬 부드럽고 친절해집니다. 아이들은 시키지 않아도 존댓말을 자연스럽게 합니다. 반면 부모에게 말을 함부로 하는 아이들은 대부분의 경우, 부모도 아이에게 함부로 대합니다. 즉 존댓말을 쓰지 않는 것은 언어 교육의 부족도 있지만 그 이전에 존댓말을 나눌 관계가 아니라는 의미도 있습니다. 그렇다고 존댓말을 잘 쓴다고 해서 무조건 서로 존중하는 관계로 볼 수는 없습니다. 아이가 존댓말을 안 쓰면 야단맞기 때문에 쓰는 것일 수도 있으니까요. 즉 결과만 보고 부모 자녀 사이가 존중되었다고 말할 수는 없습니다.

부모 아이 사이에 언어 표현들이 거칠고 함부로 말한다면, 이것은 서로 뭔가 불만이 쌓여서 내면에 공격성이 키워진 경우입니다. 이러한 불만의 극단적인 형태 중 하나가 바로 욕입니다. 아이들이 집에서는 욕을 함부로 하지 않지만, 바깥에 나가면 욕을 많이 합니다. 부모가 놀랄 정도로 말이지요. 욕은 다른 사람을 공격하는 행위입니다. 그것도 독소를 내뿜으면서 말입니다. 이것이 지나치면 말의 반 이상이 욕인 아이가 될 수도 있습니다.

부모가 보기에 우리 애는 절대로 욕을 먼저 하는 아이가 아니겠지요. 다른 나쁜 애들이 욕을 해서 우리 애가 따라 한다고 여깁니다. 물론 그런 경우도 있지만, 아닌 경우도 많습니다. 아이들은 자기주장이나 독립성을 드러내는 시기에 '바보, 똥개….' 같은 말을 합니다. 다른 사람을 공격하면서 즐기는 말들이지요. 물론 악의가 있는 것은 아닙니다. 그러나 점점 자라면서 다른 사람을 공격하는 말을 통해 '쾌감'을 느낍니다. 그러다 보면 욕을 더 많이 하겠지요.

보통의 아이들은 초등학교 1, 2학년 때까지 욕이나 나쁜 말을 조금씩 하다가 이것이 나쁘다는 걸 알면서 점차 줄입니다. 그런데 내면에 불만이 많은 아이들은 욕으로 남을 공격하며 쾌감을 느끼기 때문에 학년이 올라갈수록 욕을 더 많이 합니다.

부모가 아이에게 나쁜 말을 하지 못하도록 가르치는 것은 정말 중요합니다. 더불어 나쁜 말을 쓰지 않는 마음을 가지도록 돕는 것도 매우 중요합니다. 하지만 가르쳐도 아이가 평소에는 안 쓰다가 감정이 건드려지면 폭발하듯이 욕을 할 수도 있습니다. 그럴 때는 부모가 좋은 말을 쓰자고 이야기해주면서, "그런 나쁜 말을 쓰지 않았으면 좋겠다."고 부드러운 어투로 지속적으로 짚어주어야 합니다. 더불어 무엇이 아이의 마음에 공격성을 키워내는지를 찾아보십시오. 아이를 분노하게 하지 않는 것이 중요합니다.

/ Chapter • 04 /

크면 낫겠지 하는
안일한 태도는 버려라
－형제 싸움－

진수와 진호 형제가 있습니다. 둘은 8세, 9세로 연년생입니다. 형제는 엄청나게 자주 다투는데, 그때마다 벌을 세우면 "엄마는 나만 혼내!"라며 번갈아 불평합니다. 그래서 부모는 이 형제가 싸우지 않게 할 방법을 궁리하다 아주 무섭게 야단치고 집 밖으로 쫓아내기로 했습니다. 극약처방을 하면 아이들이 싸우지 않을 것이라 기대한 것이죠. 아이들은 처음에 부모가 무서워서 덜 싸우더니 며칠 있다가는 더 많이 싸우게 되었습니다. 그러자 부모도 형제의 다툼에 화가 나 감정적으로 쫓아내는 일이 잦아졌지요.

우리나라는 형제의 우애를 무척 중요하게 여깁니다. 다른 아이들과 싸울 수 있어도 형제끼리는 잘 지내기를 바라지요. 아마도 '부모가 없으면 너희끼리 의지하고 살아야 하는데 이렇게 싸우는 걸 보면 앞날이 걱정이 된다.'는 마음에서일 겁니다. 핏줄에 대한 생각들이 깊고 진하기 때문에 그런 것 같습니다.

그런데 부모가 싸우지 말라고 해서 안 싸우는 형제들이 얼마나 있을까요? 그런데 이 형제 싸움에 부모가 어떻게 개입하느냐에 따라 아이는 부모에 대해 마음의 상처를 받게 될 수도 있습니다. 형이라는 이유로 참아야 하고, 순하다는 이유로 참아야 하고, 약하다는 이유로 봐줘야 하는 경험을 아이들은 하고 있습니다. 즉 어느 한 쪽에 억울한 상황이 쌓인다는 것이지요. 그만큼 부모가 적절히 개입해야 하는데, 이를 위해 아이들이 왜 싸우는지를 알아볼 필요가 있습니다.

:: 자기 존재(위치)에 대한 경계심

아이들은 나를 어떻게 대하고 내 것을 어떤 식으로 취급하는지에 신경이 곤두서 있습니다. 만일 나란 존재를 위협한다 싶으면 바로 티격태격하게 됩니다. 예컨대 내 장난감을 동생이 만졌다거나, 나보다 뭔가 더 잘한다는 이유로 싸우는 것이지요. 이 경계심은 나이가 많고 적음과는 상관없습니다. 자신의 위치에 위기감이 들면 나이를 불문하고 서로 경계합니다. 이것은 혼자가 아닌 경우에는 어느 누구나 느낄 수 있는 감정입니다. 단지 표현을 더하고 덜하고의 차이겠지요. 그런 의미에서 아이들의 싸움은 어떻게 보면 필연적입니다. 우리 집 아이들만 싸우는 것이 아니라 대부분의 집에서 형제 싸움이 있다는 것이지요.

:: 사랑을 나눠 갖기 싫은 마음

겉으로 드러난 싸움의 원인이 장난감이나 어떤 태도 때문이라 해도, 사실 내면에 흐르는 마음은 '누가 더 부모에게 사랑 받고 있나?'일 수도 있습니다. 큰아이의 경우, 혼자 사랑을 받다가 동생이 태어나면서 사랑을 나눠 갖는 느낌 때문에 곤두서 있습니다. 부모가 공정하게 한다지만, 아이가 보기엔 그렇지 않을 때 싸움이 잦을 가능성이 많지요. 혹 부모가 알면서도 한 아이에게 소홀해지거나 한쪽으로 사랑이 치우치면 역시 형제 싸움이 일어나게 됩니다. 사랑을 적게 받은 쪽이 다른 아이를 공격하게 됩니다. 이것은 필사적입니다. 생녕을 두고 다투는 것처럼 사랑의 목마름은 평생의 갈증을 가져올 수 있기 때문에 치열할 수밖에 없습니다.

:: 부모 재판관 앞에 싸움의 원인 따윈 중요하지 않다!

사랑 싸움 때문이든, 경계심 때문이든 간에, 부모가 무조건 잘잘못을 따지는 태도를 취하면 오히려 형제 싸움이 벌어지기도 합니다. 부모들은 스스로 아이들의 싸움을 제대로 중재할 수 있다고 믿습니다. 그러나 이런 믿음이 아이들의 싸움을 오히려 부추기게 될 수 있습니다. 싸울 당시에는 명백하게 한쪽에 잘못이 있을 수 있지만, 아이가 왜 그런 행동을 했는지를 짚어보면 전혀 다른 상황이 될 수도 있습니다.

진호는 동생이 뭔가 가지고 있으면 낚아채듯 뺏어버립니다. 그것이 자기에게 필요 없어도 말입니다. 부모가 진호의 행동을 보고 야단쳤고, 벌도 세웠습니다. 하지만 진호의 행동은 자꾸만 되풀이되었지요. 어떤 날은 진수가 울먹이며 와서는 "형이 나 때렸어!"라고 이릅니다. 진호는 "난 그냥 스친 거라고!"라며 변명해봤지만 진수의 울음이 증거가 되어 부모에게 야단을 맞았지요. 진호는 매번 억울하다고 호소합니다. 부모님이 나만 미워하고 동생만 예뻐한다고 불평합니다. 그럴 때마다 부모는 진호에게 "네가 행동을 잘해봐라. 혼내는지."라고 이야기하지요. 부모는 진호가 매를 번다고 항변합니다. 사실 동생 진수는 약삭빠르게 눈치껏 행동해서 부모에게 야단을 덜 맞는 편이지요. 반면 진호는 야단 덜 맞을 일도, 더 크게 맞는 편이구요. 부모는 아이들의 싸움에 공정하다고 말하지만, 진호는 불만이 많고 진수는 부모가 자기 편이라고 여깁니다.

사랑을 베푸는 부모가 재판관이 되면 단순한 형제 싸움도 사랑 싸움으로 변질됩니다. 사탕이나 장난감 때문에 다툼이 시작되어도 여기에 부모가 끼어들면 "엄마, 아빠는 누구만 예뻐해!" 식으로 되어버리지요. 즉 부모의 야단에 아이는 잘못을 알기보다는 부모가 자기를 덜 사랑한다고 생각합니다.

:: 부모가 큰아이에게 기대하는 것들

부모들이 형제끼리 다투지 않고 우애 있기를 강조합니다. 그러면서 큰아이에게 의무만 주고 권위를 인정하지 않는 경우가 많지요. 부모들이 저지르는 실수 가운데 하나가 바로 나이가 조금만 많아도 첫째는 큰아이라고 여기는 것입니다. 그래서 큰아이로서 동생에게 넓은 아량을 베풀기를 기대하지요. 진호와 진수 역시 1살 차이입니다. 진호는 동생이 태어나면서 형으로 불리고, 형 노릇을 기대받게 되었습니다. 진호나 진수 둘 다 기저귀를 차는 아이임에도 부모는 진호에게 "동생이 자야 하니까 시끄럽게 하지 마!", "동생이 있으니까 나가 놀지 못해!" 식의 양보만 요구받았지요. 진호 입장에서는 얼마나 억울했을까요? 동생이 무척이나 미웠겠지요. 그래서 엄마가 동생을 안고 있으면 나도 안아달라고 떼쓰고 동생이 자고 있으면 몰래 꼬집어서 야단맞는 일이 늘게 되었습니다. 진호에게 동생은 자신의 사랑을 뺏어가는 나쁜 존재로 인식되었지요. 이것은 커가면서 더 심각해졌습니다. 부모는 아무래도 어린 진수를 더 챙겼거든요. 진수는 야단맞는 형을 보면서 눈치껏 야단맞지 않도록 행동했습니다. 그러니 부모의 귀여움을 받을 수밖에요. 결국 부모는 말썽을 덜 일으키는 동생을 더 예뻐하는 격이 되었고, 귀여움 받는 동생은 형을 우습게 여기게 되었습니다.

형제끼리 싸우는 이유를 이야기하다 보면, 이런 질문들을 받습니다. "부모는 형제 관계에 대해 어떤 태도를 보여야 하나요? 어떤 것이 부모로서 바람직한 태도일까요? 그냥 두면 형제가 더 싸우지 않나요? 부모가 개입하지 않으면 누가 개입하나요?"

다음은 이 질문들에 대한 답이며, 형제 관계에 대한 적절한 부모 태도에 대한 이야기입니다.

형제 싸움에 부모는 한 발 빠지자

부모가 보기에는 공정할지 모르지만, 아이들 입장에서는 <u>부모가 한쪽의 편을 든다고</u> 여기기 십상입니다. 그래서 자기 잘못을 알기 힘들지요. 아무리 부모가 아이에게 "엄마 아빠는 널 사랑해."라고 말해도 아이는 믿지 않습니다. 형제 싸움에 부모가 끼어들기 시작하면 늘 야단맞는 아이가 야단맞게 마련입니다. 다른 아이는 부모의 눈치를 보고 자기에게 이득이 되는 행동만 할 가능성이 큽니다.

또한 부모가 끼어들면 아이들은 형제 문제를 스스로 해결하는 기회를 잃게 됩니다. 그래서 한 아이는 부모에게 자꾸 이르고, 한 아이는 변명하는 역할로 고정됩니다. 결국 착한 아이와 나쁜 아이의 구도가 되는 셈이지요. 그래서 우선 사랑 싸움이 되지 않도록 부모가 개입하지 않는 것이 중요합니다. 둘의 싸움은 둘에서 해결할 기회를 줍니다. 형제 싸움이 꼭 나쁜 것만은 아닙니다. 형제는 싸움으로 협상을 배울 수 있고, 다른 사람의 마음을 사는 방법도 터득할 수 있습니다. 그렇기 때문에 무조건 싸움을 못하게 하는 것은 썩 좋은 방법이 아닙니다. 이왕 형제 싸움을 피할 수 없다면, 건설적인 결과가 나오게끔 이끄는 게 부모의 역할이며 사랑입니다.

:: 만약 둘이 싸운다면! (크게 위험하지 않는 상황일 경우)

둘이 방에 가서 해결할 수 있도록 합니다. "얘들아, 너희 계속 싸울 거면 방에 가서 다 싸우고 나올래?"라고 하면서 방으로 보냅니다. 아이들은 장소를 옮기면 싸움의 맥이 끊어지면서 다소 싱거워질 수 있습니다. 또한 부모의 달라진 태도에 의아해할 수도 있습니다.

그래서 방 안에서 연장전에 돌입할 수도 있지만, 킥킥거리며 풀리기도 합니다. 때론 한 아이가 울고 나올 수 있습니다. 그러면 우는 아이를 달래줍니다. 동생이 "형이 OOO 이렇게 했어!"라고 이르면 "그랬어? 아휴, 속상했겠네."라며 달래주고, 형이 때렸다고 하면 "엄마가 호~ 해줄게."라면서 안아줍니다. 이렇게 하면 때린 아이는 부모가 '야단칠지 어떨지'를 볼 것입니다. 부모가 야단을 치지 않으면 아이는 변명을 하겠지요. 부모는 아이의 변명도 "그랬어?"라면서 들어줍니다. 누구의 편도 들어주지 말고 아이들의 말을 들어주는 것입니다.

:: 만약 너무 심하게 싸워서 서로 때리는 상황이면!

무조건 이 방, 저 방으로 아이들을 떼어놓으십시오. 그런 다음 어느 정도 아이들의 화가 풀리면 둘 다 나오라고 하십시오. 그 다음은 앞에서 한 것과 같습니다.

위계질서를 자연스럽게 잡아주는 비결

동생이 태어날 때 조금만 신경 쓰면 형제 관계를 적절하게 형성해가는 데 도움이 될 것입니다. 보통 우리는 태어나는 동생만 신경을 씁니다. 물론 큰아이도 신경 쓰긴 하지만, 엄밀한 의미에서는 아닐 수 있습니다.

둘째가 태어나기 전 기존 가족은 셋입니다. 둘째가 태어난다는 것은 이 가족에 새로운 가족 구성원이 들어오는 것이지요. 요즈음 대부분 병원에서 아이를 출산하는데, 엄마가 출산을 위해 병원에 들어가면 큰아이는 다른 사람들이 봐주게 됩니다. 그러다 큰아이가 엄마를 만나러 병원에 가면 <u>내가 아닌 다른 아이를 안고 있는 엄마</u>를 보게 됩니다. 이것은 아이에게 충격적인 현장입니다. 내 자리에 다른 아이가 있는 것 말입니다. 게다가 큰아이에게 "동생 예쁘지?"라고 말은 하면서 큰아이가 동생을 만지려 하면 못 만지게 하고, 이것을 동생을 위한 양해라고 합니다. 부모의 이런 모습이 큰아이를 신경 쓴 것이라고 할 수는 없지요. 큰아이를 신경 쓴다는 것은 누가 큰아이를 돌볼 것인지가 아니라 큰아이에게 동생의 출현을 '어떻게 보여줄지'가 되어야 합니다. 그래서 새로운 식구가 들어온다는 것을 '그림처럼 보여줄 필요'가 있습니다. 부모와 큰아이가 함께 있을 때 아기를 데리고 들어와서 동생이 방문했다는 것을 보여줘야 합니다. 아무런 예고 없이 동생이 집안에 들어와 있으면 큰아이는 침범 받는 느낌일 것입니다.

그리고 동생이 울면 큰아이에게 "동생이 우는데 어떻게 하지? 젖 달라고 하네?"라고 말하면서 동생을 안아 젖을 먹입니다. 동생이 졸려 칭얼대면 "동생이 졸려서 칭얼대네. 어떻게 해줄까?"라는 식으로 큰아이가 동생을 받아들이는 과정을 거쳐야 합니다. 사소한 모든 것에서 큰아이의 의견을 구하는 제스처를 보이면서 말입니다. 큰아이에게 동생을 우리 식구로 인정해주는 과정과 시간이 필요하다는 것이지요.

:: 큰아이에게 동생 돌보기를 부탁하기

동생을 돌보려면 큰아이의 도움이 필요합니다. 이것을 큰아이에게 '이제 너는 형이니까 동생을 잘 돌봐야 돼.' 같이 의무만 강조하지 말고 도움을 부탁해야 합니다. 큰아이를 위해 동생한테도 틈틈이 "형아처럼 우유도 잘 먹네.", "우리 형아가 기저귀를 가지고 왔네. 형아에게 고맙다고 해." 같은 말을 합니다. 큰아이에게 동생 옆에 와서 일 저지른다고 나무라거나, 조용히 하라며 야단을 치지 말아야 합니다.

:: 동생으로 인한 부담을 큰아이에게 지우지 않기

부모들은 동생이 태어나면 큰아이에게 '부모가 없을 때 대신해야 하는 사람'으로 알게 모르게 인식시킵니다. 모범적으로 행동해서 동생의 본보기가 되어야 하고, 부모 대신 동생을 돌보고 놀아줘야 된다는 짐을 지웁니다. 특히 첫째와 둘째가 터울이 있을 때 큰아이에게 동생을 맡기고 자유를 즐기는 부모들이 의외로 많습니다. 큰아이가 동생을 돌볼 수는 있지만 부모의 대리자는 아니라는 점을 유념해야 합니다.

:: 먼저 태어났다는 권리를 인정하기

형제 관계에는 위계질서가 무척이나 중요합니다. 단순히 위아래의 위치를 정해주는 것이 아니라 태어난 순서에 따른 대접이 필요합니다. 이때 대접은 위치에 따라 차별하는 것이 아니라 순서를 지키는 것입니다. 표를 받기 위해서 줄을 서면 똑같은 표를 순서대로 주는 것과 같습니다. 이것은 큰아이의 권리를 인정함으로써 자연스럽게 동생을 편안하게 포용할 수 있는 상황을 만들기 위함입니다.

형제간의 위계질서를 지킨다는 의미는 "너, 형(오빠)의 말을 들어." 같은 당부를 뜻하는 것이 아닙니다. 우선 권위를 인정하십시오. 큰아이는 먼저 태어났다는 점에서 좋은 점도 있겠지만 동생을 챙겨야 한다는 막연한 부담도 있을 것입니다. 많은 사람들이 큰아이에게 "너는 동생이 태어나기 전에 엄마 아빠의 사랑을 많이 받았잖아. 그러니까 이제는 동생에게 줄게." 식으로 이해를 구하는데, 이런 말 자체가 '이제는 너의 시대는 끝났어.'라는 뜻으로 해석될 수 있습니다. 이런 말은 삼가는 편이 더 좋습니다. 대신 먼저 태어났다는 권리를 인정해주십시오. 큰아이는 권리를 누리면서 동생에게 배려할 것입니다. 어떻게 하는 것이 큰아이의 권리를 인정하는 것일까요?

아빠가 귀가할 때 큰아이를 먼저 안아주세요. 둘째가 어린데다, 먼저 뛰어온다구요? 먼저 뛰어오는 아이를 밀치라는 것은 아닙니다. 만일 그렇다면 아이를 안아주고 큰아이를 찾아서 "우리 큰아이!"라면서 꼭 안아주라는 것입니다.

뭔가를 나누어줄 때 큰아이에게 먼저 주세요. 이것은 어릴 때부터 하면 좋습니다. 그런데 둘째가 조금 크면 불평할 수도 있습니다. "왜 맨날 형이 먼저 해요?"라고 말입니다. 그럴 때는 운영의 묘를 살리십시오. 처음은 큰아이부터 줬다면 그 다음날은 둘째부터 주는 것이지요. 단 날짜의 우선순위를 큰아이에게 주는 것이지요.

:: 순서는 지키되 양은 같아야 한다

　사랑의 순서는 지키되 사랑의 양은 같아야 합니다. 이것은 원칙입니다. 이 원칙이 지켜지지 않으면 누군가는 불만이 쌓이게 되고, 이로 인해 형제 사이에 지나친 다툼이 생길 것입니다.

/ Chapter • 04 /

통제력 없는 아이로 키우고 있지는 않은가?
－게임 문제－

    컴퓨터, TV, 게임은 어느덧 필요악이 되었습니다. 아예 없앨 수도 없고 그렇다고 마냥 내버려둘 수도 없는 대상입니다. 만약 이것들을 아예 못하게 한다면 아이는 학교생활을 하기가 쉽지 않을 것입니다. 그러므로 이것을 어떻게 다루어야 할지를 아는 것은 아주 중요한 일입니다. 잘못 쓰면 위험한 물건들이지만 잘 쓰면 편리함을 주니까요.

    그중에서도 게임은 유달리 중독성이 강합니다. 아이들이 게임을 좋아하는 이유가 무엇일까요? 게임은 매우 재미있습니다. 몇 시간을 해도 지치지 않습니다. 한번 맛들이면 이 재미에서 빠져나오기 쉽지 않습니다. 또한 자극적이지요. 그렇다 보니 부정적인 중독성이 있습니다. 그 결과, 아이의 생활에서 이 재미를 능가할 만한 활동이 없으면 게임 문제를 해결하기 쉽지 않습니다. 그런데 어떤 아이들은 게임을 썩 좋아하지 않습니다. 성향에 따라 차이가 나는 것 같습니다. 대체로 여자들보다는 남자들이 더 게임을 즐깁니다. 아마도 여자들은 사람과 더불어 하는 것을 즐기는 반면 남자들은 혼자서 하는 것을 더 즐기는 것 같습니다.

많은 부모들이 게임에 빠진 아이를 걱정하는 이유는 아이가 게임 때문에 자기 할 일을 하지 않거나, 미루는 등 생활의 통제가 안 되기 때문입니다. 아이의 머릿속은 온통 게임으로 잠식되어 있고, 심지어 수업시간에도 게임 이야기를 하는 아이들도 있습니다. 아이들이 이렇게까지 게임에 빠져드는 이유는 뭘까요?

:: 유대감과 소속감이 없어서

아이가 사람과 소통하는 경험이 적으면 우선적으로 부정적인 자극을 찾게 됩니다. 이 자극을 통해 스스로를 채우려 하지요. 그런데 이런 자극은 근본적으로 문제를 해결하지 못하고, 순간의 즐거움만 줍니다. 때문에 이 행동을 지속하게 되는 것이지요.

게임에 빠진 아이 때문에 걱정하는 가정의 공통점을 살펴보면, 가족 간의 유대감이나 소속감이 없는 경우가 많습니다. 가족 간의 유대감이나 소속감이 없으면 아이는 친구관계에서도 적절한 관계를 유지하기 힘들게 됩니다. 그래서 스스로 대안을 찾아 해결하려고 드는데, 게임이 도피처의 역할을 하는 것이지요. 소외된 것 같고 심심하다는 느낌, 혼자인 느낌이 들 때면 아이들은 자꾸 게임을 찾게 됩니다.

∷ 마음의 허전함을 채우는 대리만족

　자신의 요구가 제대로 수용되지 않고 부모가 자신의 감정을 제대로 이해해주지 않으면 아이는 이 불만과 허전함을 게임으로 채우려 합니다. 가상의 현실로 대리만족을 하는 것이지요. 그 결과 더 폭력적인 것들을 찾게 됩니다.

　아이가 폭력적인 행동을 하면 우리는 흔히 아이가 폭력적인 비디오, 게임, 만화에 지나치게 노출되었다고 말합니다. 이러한 것들이 폭력적인 행동을 일으켰다는 것이지요. 일부분 일리가 있지만, 엄밀하게 따지면 아이 마음속에 이미 욕구불만으로 공격심이 자라났기 때문입니다. 아이는 이 마음을 표출할 곳을 찾다 보니 폭력적인 게임, 만화, 비디오 등이 눈에 쉽게 들어오는 것이지요. 그래서 이러한 것으로 대리만족을 하면 여기에서 나온 장면들을 모방하는 악순환이 생기게 됩니다.

　원인을 살피면 아이에게 단순히 폭력적인 비디오나 게임을 못하게 한다고 해결될 문제가 아니지요. 물론 이것을 제지해야 하지만, 그 이상으로 아이 마음속의 불만을 확인하고 신경 써주어야 합니다. 아이의 얼은 마음을 녹일 생각은 하지 않고, 겉으로 드러나는 것만 통제하는 것은 별 효과가 없습니다. 마음의 원대로 세상이 보입니다. 뭔가 사고 싶으면 그 물건만 보이고, 치장을 하고 싶으면 액세서리만 눈에 띄지 않습니까? 공부에 대한 정보를 원하는 부모들은 오로지 학원이나 입시 정도만 들리고 보일 것입니다. 마찬가지로 아이들도 그럴 수 있습니다. 단순히 아이들이 폭력적인 게임 등에 노출되어서라고 생각하지 말았으면 합니다. 집에서 컴퓨터 금지를 시켰더니, 이 집 저 집을 다니면서 컴퓨터를 하는 아이들도 많이 봅니다. 때론 PC방에도 가지요. 아이가 부모 앞에서만 하지 않는다고 안심할 일이 아니라는 것입니다.

아이의 마음에 어떤 것들이 채워져 있나요? 기쁨인가요? 아니면 우울인가요? 아니면 불평 불만, 분노인가요? 아니면 돈인가요? 먹는 것인가요? 화인가요? 소외감? 휴식? 외로움? 슬픔? 한 번 생각해보십시오. 이러한 것들을 파악하고서 통제를 생각하는 것이 맞는 순서일 것입니다.

게임에 빠진 아이를 어떻게 대해야 할까?

이 경우, 강력한 대안이 필요합니다. 이 대안은 컴퓨터, TV, 게임을 넘어설 수 있어야 합니다. 가장 강력한 대안은 '부모와 같이 상호작용할 수 있는 것'입니다. 즉 부모와 같이 할 수 있는 재미있는 활동이 필요합니다. 이때는 부모가 아니라 아이가 재미있어 하는 것을 찾아야 합니다. 아이가 어릴수록 효과가 좋습니다. 어릴 때부터 아이가 부모와 함께 즐거움을 제대로 경험하면 쉽사리 게임에 빠지지 않습니다. 고학년이나 중학생 이상의 아이들은 부모와 같이 할 수 있는 것들이 적습니다. 그러므로 아이가 어떤 것을 원하고 좋아하는지를 찾아서 해주십시오. 잔소리도 줄이고 웃는 얼굴로 대하고 학교에 오갈 때 즐겁게 맞이하는 행동 등도 좋습니다. 시작은 이런 작은 것부터 이루어집니다.

그다음에는 오히려 통제를 풀어버립니다. 컴퓨터나 TV, 게임 등을 통제하고 일주일에 한 번 정도만 허락했다면, 1~2주 혹은 한 달 정도 아이 마음대로 하게 해보세요. 아이를 제지하지 말고 "그렇게 재미있니? 눈이 아프니까 쉬엄쉬엄해." 식으로 오히려 멍석을 깔아줍니다. 아이가 어느 정도 했다고 생각되면 이제 조금씩 줄여볼 것을 권유합니다. 아예 못하게 통제하는 방법은 아이를 지속적으로 일거수일투족을 감시하지 않는 이상 힘듭니다. 혹 어느 정도 외부의 통제를 쓰더라도, 아이 스스로의 통제력을 키우게끔 하는 방법도 반드시 병행되어야 합니다. 그런 의미에서 아이에게 게임을 허락하면서, 서서히 줄이게 권하는 방법이 더 효과적입니다.

아이와 대화하면서 컴퓨터 시간을 합의해보세요. 아이가 이 시간을 잘 안 지키면 좋은 말로 "그만하자."고 부탁합니다. 이런 식으로 1주일에 몇 시간 혹은 매일 몇 시간 정도로 타협합니다. 아이가 부모와 약속했다고 금세 행동이 바뀌기는 힘들기 때문에 '시간을 정하는 프로그램'을 깔거나 부모가 아이의 게임기를 보관하는 방법도 함께 해봅니다.

분명 쉽지 않은 과정들입니다. 하지만 이런 노력 없이는 변화도 없습니다. 아이가 몇 번 해본다고 해서 금세 바뀐다면 문제도 아니지요. 아이가 잘 생각하고 행동해주길 바라지만 사실 행동 변화는 매우 힘듭니다. 부모들도 행동을 바꾸는 게 쉽지 않다는 걸 잘 알 것입니다. 그러니 아이를 이해해주십시오.

다른 방법이 필요한 경우

뭔가에 집중하면 뿌리를 뽑는 성향의 아이들이 있습니다. 타고난 기질 때문일 수도 있고 후천적인 영향일 수도 있는데, 이런 아이들은 처음부터 시간을 정해서 컴퓨터 혹은 게임을 하게끔 해야 합니다. 단 너무 감질나게 시간을 정하면 도움이 되지 않습니다. 그러면 오히려 자극이 되어 아이가 게임을 더 많이 찾게 됩니다.

게임을 하면서 힘들어하고 짜증이 많아지는 아이들도 있습니다. 이런 아이에게는 상황을 설명하고, 짜증을 부리고 폭력적이 될 때는 즉시 중단한다는 이야기를 해줍니다. 중단을 시킬 때는 옆에서 야단을 치는 것이 아니라 아이에게 "게임 하다가 져서 속이 싱히니? 이제 그만했으면 하는데, 네가 끌래? 아니면 엄마 아빠가 끌까?"라고 부드럽게 이야기를 하는 것이 중요합니다. 다음에도 같은 일이 반복될 수 있습니다. 그럴 때 같은 태도를 유지하는 것이 중요합니다. '얘는 지난번에도 짜증 부리다가 못한 것 알면서 왜 또 저럴까?'란 생각이 들더라도 말입니다. 이것은 한 번의 경험으로 되지 않습니다. 아이가 스스로 감정을 조절해보려 노력할 때까지 반복하는 것입니다. 아이가 조금씩 조절하려고 하면 즉각 칭찬하십시오. 그래야만 아이는 노력을 더 보탤 것입니다. 때론 아이가 컴퓨터나 TV 등에 쓴 시간을 직접 시간표에 작성해보게 하는 것도 가시적인 방법이 됩니다. 매일 그래프를 만들어서 조금씩 나아지는 부분은 적극적으로 칭찬해주세요. 그리고 아이가 통제할 수 있는 시간(1시간 이내)을 유지하게끔 도와줍니다.

아이의 게임 문제가 심각하다면 집에서 해결할 수는 없습니다. 그럴 때는 전문기관을 찾으십시오. 좀 더 객관적으로 아이를 바라보는 것도 중요합니다.

뭔가에 열중하는 것은 아름답습니다. 하지만 이것이 단순히 시간낭비이고 자신의 일을 하는데 이롭지 않고 말초적인 자극만 준다면 아름답다기보다 안타까운 마음이 듭니다. 뭔가에 열중하는 에너지, 즉 열정의 방향이 제대로 갈 수 있어야만 이 열정이 아름답게 여겨지겠지요. <u>아이의 에너지가 잘못되었다면, 에너지를 없애려고 하기보다는 방향을 바꾸어주는 노력을 해야 합니다.</u>

/ Chapter • 04 /

집안의 규칙에서 시작되어
사회의 규칙으로
-집안의 규칙-

　집집마다 나름의 규칙이 있고, 이것들은 아이의 성격을 형성해 나가는 데 영향을 끼칩니다. 그런데 아이를 키우다 보면 아이의 욕구와 규칙이 상충되는 상황을 종종 경험하게 됩니다. 이럴 때 아무런 고민 없이 규칙을 밀고 나가는 집이 있는가 하면, 규칙을 적용했다 말았다 하며 고민스러워하는 집도 있습니다. 어떤 경우는 부부 간의 규칙이 너무 달라 자녀 양육을 하는 데 갈등을 겪기도 합니다.

　민주네 가정에는 크게 세 가지 규칙이 있습니다. 돈을 아끼는 것과 만화책 금지, 장난감은 특별한 날(생일, 크리스마스 등)만 사준다는 것입니다. 아이가 어릴 때는 부모가 지키면 되었는데,

아이가 걷기 시작하고 뭘 좀 알기 시작한 2, 3돌 이후부터는 장난감이나 과자를 사달라는 일도 많아졌습니다. 부모는 아이의 경제관을 제대로 심어주고 절약 정신을 가르치려고 거의 사주지 않았습니다. 친척이나 이웃이 주는 옷이나 장난감을 민주에게 주었죠. 대신 책은 신경 써서 잘 사주었습니다. 물론 만화책은 금지하고, 동화책이나 위인전 위주로 말이지요.

그런데 민주와 바깥에 나가기만 하면 규칙을 지키는 데 어려움이 생겼습니다. 언제부터인가 민주는 장난감 가게를 그냥 못 지나가고 한참 서서 구경하는 일이 많아졌습니다. 가게에 들어가면 아예 나올 생각을 하지 않았지요. 부모는 규칙을 지키려고 이럴 때 장난감을 사주지 않다 보니, 1년 내내 실랑이가 끊이질 않았습니다. 민주는 남의 과자에도 정신없이 달려들어서 얻어먹으려고 애쓰고, 다른 애들의 장난감을 너무나 부러워했지요. 그 모습이 측은하기도 했습니다. 규칙을 지키자니 아이가 울고 아이의 요구를 들어주자니 아이의 경제관이 제대로 서지 못할 것 같아 부모는 고민이 되었습니다.

아마 정도의 차이가 있어도, 집집마다 민주네와 비슷한 경험을 했을 것입니다. 규칙을 어기고 장난감을 사주는 것이 교육적으로 좋지 않을 것 같은데, 아이가 짜증이 늘고 떼쓰는 것 역시 신경 쓰인다는 것입니다. 집안의 규칙은 부모 자신이 자라온 환경에서 근거하여 만든 것이 많습니다. 자신이 성장할 때 싫었던 규칙을 정반대로 해서 만들거나 혹은 아무 생각 없이 답습하기도 합니다. 이런 의미에서 집안 규칙은 아이를 위한 것이 아닐 수 있습니다. 그러므로 규칙과 아이의 요구가 충돌할 때는 이 규칙을 만든 목적을 생각해보는 일이 필요합니다.

규칙의 목적이 무엇일까?

많은 부모들이 규칙은 변하면 안 된다고 여깁니다. 이랬다저랬다 하면 오히려 아이가 혼란스러워할 것이라고요. 맞습니다. 대신 규칙의 목적을 제대로 살펴보고 과연 그 규칙을 지켜서 당초에 의도한 것들을 얻을 수 있는지를 파악해보십시오. 만약 의도와 달리 악영향을 가져온다면, 규칙을 고칠 필요가 있습니다. 그렇지 않으면 이것은 규칙을 위한 규칙일 뿐입니다. 규칙 때문에 가족들이 힘들고 불편해지나요? 가족관계를 돈독하게 하기보다 깨뜨리는 역할을 한다면 이 규칙은 재고되어야 합니다. 이럴 때는 아이에게 도움이 되는 규칙인가를 먼저 살펴봐야 합니다.

부모 입장에서는 아이의 인성이나 행동에 도움이 되라고 규칙을 적용합니다. 그렇지만 엄밀히 따지면 부모의 성향에 맞추어 적용되는 부분도 있습니다. 말로는 아이 입장이지만 부모가 자신의 성격에 맞지 않는 규칙을 정하지는 않습니다. 부모의 성향에 맞는 규칙이 아이에게는 안 맞을 수도 있습니다. 그런데 이를 인정하지 않으면, 부모의 성향과 아이의 욕구가 부딪치는 상황이 생기고, 부모는 규칙을 적용하기 위해 부모의 권위를 내세우게 됩니다.

규칙의 본래 목적이 부모의 권위를 위한 것이 아니라면 규칙을 적용해나갈 때는 우리 아이의 기질과 현재 발달 상태, 정서적인 부분까지 다 고려해야 합니다. 만약 그렇지 않으면 엉뚱한 문제가 일어날 수 있습니다. 민주의 경우는 음식과 장난감에 대한 지나친 집착을 가져왔습니다. 만일 부모가 민주의 집착 행동까지도 야단치고 규칙을 들이댄다면 민주가 어떻게 잘 지내겠습니까?

규칙은 살아 움직여야 한다

아이의 바깥 활동이 늘어나면 그만큼 호기심과 자기주장이 강해집니다. 이럴 때 아이는 한동안 장난감 가게를 들락날락할 수 있습니다. 뭔가 사서 가진다는 것은 자기주장과 함께 아이가 '힘의 욕구'를 표현하는 것이기도 합니다. 이럴 때는 규칙의 목적은 변하지 않되, 규칙을 적용할 때는 유연성이 요구됩니다. 조금 여유 있게 사주십시오. 그리고 아이가 지나치게 매달리는 상황을 만들지 않았으면 합니다. 또한 아이가 뭔가 자꾸 가지려 하는 행동을 자연스럽게 줄이도록 부모와 아이가 같이 재미있게 활동하는 시간을 만들어주세요.

아이가 학교에 들어갈 시기가 되면 이런 행동들이 많이 줄어들게 됩니다. 아이에게 장난감이나 음식을 사고 싶은 욕구를 절제할 힘이 생긴다는 것입니다. 아이의 경제관을 제대로 만들어주기 위해 절약만을 강조할 필요가 없습니다. 검소한 생활이 습관처럼 되어야 하지만, 검소함이 멋있게 되려면 적절한 곳에 쓰고 아낄 곳을 아끼는 마음의 그릇들을 만드는 일이 우선되어야 합니다. 그런 의미에서 잘 쓰는 것을 통해서 욕구 충족과 적절한 통제력을 길러질 수도 있습니다. 아껴 쓰는 것은 가능한데 적절한 곳에 잘 쓰지 못하는 사람들을 많이 봅니다. 이런 사람들은 아끼는 데만 급급한 환경에서 성장했을 가능성이 큽니다.

집안 규칙을 적용할 때 어떤 아이들은 잘 받아들이지만 어떤 아이들은 완고히 거부할 수 있습니다. 아이가 자랄수록 규칙은 아이와 의논해서 만드는 것이 좋습니다. 규칙을 지킬 당사자는 아이이기 때문입니다. 아이가 규칙을 지키게 하려면 아이에게 규칙을 지키고 싶은 마음이 있어야 합니다. 매번 규칙 때문에 실랑이를 한다면, 아이는 성장해가면서 그 규칙을 깨기 위한 반발을 할 것입니다.

규칙을 제안하는 쪽이 부모이든 아이이든 상관없습니다. 그 제안을 토대로 서로 지킬 수 있는지 이야기해봅니다. 예를 들어 '만화책은 안 샀으면 좋겠다.'는 것이 부모가 원하는 규칙이라면 아이는 당연히 반발하겠지요. 그러면 이러한 것들을 어떻게 해결할지를 의논해보세요. 만화책을 빌려서 보는 방법과 가끔씩 사는 방법, 헌책을 사는 방법 등을 이야기할 수도 있습니다. 서로 의견을 내놓고 타협점을 만들어보는 것입니다. 서로 설득할 수도 있겠지요. 만약 부모가 "만화책이 내용에 비해 너무 비싸다. 그래서 사줄 수 없다."라고 하면, 아이는 "다른 친구들이 만화책을 빌려주지 않아서 나는 못 보는데, 그러면 친구들 사이에 내가 끼이지 못하는 느낌이 든다." 같은 속내를 말할 수 있습니다. 이렇게 이야기를 해야 근본적인 해결 방법이 나올 수 있을 것입니다.

규칙이 아무래도 잘 지켜지지 않으면 기대치를 조금씩 낮추어서 시행하다 점점 수준을 높이는 방법도 생각해보세요. 예컨대 아이가 딱지를 사는 걸 1주일에 몇 번으로 정했는데 잘 지키지 못하면, 매일 사다가 2주 후부터 하루씩 줄여나가는 정도로 조절하는 것입니다.

'규칙을 지키도록 도와주는 태도'와 '규칙을 지키지 않으면 안 되는 태도'는 분명 차이가 있습니다. 똑같이 규칙을 지키는 것이 목표라 해도 아이가 받아들일 때는 다릅니다. <u>규칙을 지키도록 도와주는 '도우미'가 될지, 아니면 규칙을 지키지 않으면 야단치는 '사감'이 될지 생각해보세요.</u>

남의 집 규칙이 우리 집 규칙과 같아야 한다는 법은 없습니다. 단, 남의 집 규칙을 참조해보는 것은 좋은 방법입니다. 규칙의 결과들이 어떠한지 살펴보는 것으로요. 규칙을 엄하게 하면 당장은 아이가 지키겠지만, 여기에서 파생되는 결과들이 어떤지를 비교해볼 필요가 있습니다. 이것은 우리 집 규칙의 좋은 점과 보완할 점을 찾아보기 위해서입니다.

우리는 혼자 살 수 없는 사회에 있습니다. 그래서 규칙을 적용할 때는 다른 사람들과의 관계 속에서 어떻게 맺어갈 것인지도 봐야 합니다. 한 집은 컴퓨터를 못하게 했는데 다른 집은 허용한다면, 이 아이는 자기 집에서는 하지 않겠지만 다른 집에 놀러 가서 컴퓨터를 할 수 있습니다. 내 눈에 안 보인다고 아이가 규칙을 지켰다고 할 수는 없습니다. 아이들이 자라면 활동 반경이 넓어집니다. 부모가 볼 수 있는 영역을 넘어서기도 하지요. 그렇다면 아이 스스로 절제할 수 있는 힘을 길러주는 규칙이어야지, 단순히 규칙을 위한 규칙이어서는 안 될 것입니다.

/ Chapter • 04 /

아이의 자립심을 세우고 싶다면

— 자기관리와 습관 —

상담현장에서 만난 많은 부모들이 아이에게 공통적으로 자기 주변 관리를 제대로 하기를 원합니다. 예를 들어 책상 정리, 먹었던 과자봉지 뒤처리, 가방이나 옷 제자리에 걸기 등이겠지요. 이런 일들은 아이와 부모가 감정이 상할 가능성이 가장 높은 영역입니다. 부모가 아무리 야단쳐보고 잔소리를 해도 아이는 관리가 잘 안 되며, 때론 부모가 스티커 등으로 보상을 주려 해도 아이의 자기관리는 쉽게 정착되지 않습니다.

물론 이것들은 꼭 자리 잡혀야 합니다. 아이도 더불어 사는 사회의 일원이기 때문에 이것이 제대로 안 되면 상대편에게 피해를 줄 수도 있습니다. 또한 자기관리를 한다는 것은 스스로에 대한 통제력이 있다는 의미이므로, 이것 역시 인생을 살아가는 기초가 됩니다.

　아이들이 가끔 집에 놀러 오면 그 아이가 집에서 어떤 교육을 받는지가 보입니다. 쓰레기를 버리는 것, 감사하는 것 등을 보면 집에서 기초생활에 대한 교육을 받고 있다고 여겨집니다. 사실 아이의 생활습관은 부모가 알아서 해줘버리면 잘 만들어지지 않습니다. 아이에게 직접 할 기회를 줘야만 생깁니다.

　아이가 학교에 다녀와서 가방을 자기 방에 갖다 놓거나 손을 씻는 행동은 쉽게 되는 것이 아닙니다. '올해 지나면 되겠지.'라는 막연한 기대는 금물입니다. 물론 어른이 되면 할 수 없이 해야 할 경우가 생겨하긴 합니다. 그렇지만 이런 경우는 스스로를 관리하는 것이 아니라, 상황을 모면하기 위한 측면이 강합니다.

　생활습관에 관한 노력들은 아주 어릴 때부터 시작되어야 합니다. 아이들은 만 2세 전후만 되어도 스스로 해보려고 합니다. 숟가락질부터 시작해서 컵에 물 따르기, 옷 입기, 단추 잠그기, 지퍼 올리기, 양치질 등을 혼자 해보려 합니다. 물을 여기저기 튀겨가며 설거지를 하고 싶어 합니다. 부모가 요리할 때 끼어들기도 합니다. 이때는 부모가 하는 것들을 다 해보려 합니다. 아주 즐겁게 역할 모방을 하는 것인데, 부모 입장에서는 썩 즐겁지 않습니다.

　아이가 스스로 하려 할 때 그냥 두면 부모의 뒤치다꺼리가 많아지기 때문에 부모가 대신 해버립니다. 아이를 기다려주지 않고 말입니다. 물론 일은 훨씬 수월하겠지요. 하지만 이러한 경험이 쌓이지 않은 상태에서 아이가 좀 컸다고 "이제 너 스스로 해봐라."고 요구하는 건 아이에게 노동하라는 것과 마찬가지입니다. 그전에는 즐겁게 놀이처럼 하려고 했었거든요. 아이가 원할 때 기회를 줬다면 자연스럽게 아이 스스로 하는 것들이 많아집니다. 무엇보다 스스로 즐겁게 해본 경험이 중요합니다. 그런데 대부분의 부모는 아이가 어릴 때는 부모가 다 해주곤, 시간이 지나면 아이가 좀 컸다고 일을 맡겨버리는 식입니다. 물론 아이가 좀 더 커서 수월하게 되는 건 있겠지만, 해보지 않은 걸 제대로 못하는 것 역시 명백한 사실입니다.

아직 아이가 어리다면 이제부터라도 그렇게 키우도록 해보세요. 하지만 이미 시기가 지나 아이가 그런 경험 없이 자랐다면 이제 어떻게 생활습관을 잡아줘야 할까요?

생활습관을 잡아주려면 어떻게 해야 할까?

우선 잔소리는 멈추십시오. 생활습관 때문에 아이에게 잔소리하면 어릴 때는 그냥 듣지만 아이가 크면서는 싸움이 됩니다. 점점 감정이 쌓여서 큰 싸움이 되기도 하고요.

:: **집안일을 재미있게 하는 방법을 찾자**

아이를 무조건 고치려 들지 말고 집안일을 재미있게 하는 방법이 무엇인가 찾아보십시오. 예를 들면 요리나 청소 등에 아이의 도움을 구하는 것입니다. 어떤 애들은 이 일들에 관심을 가졌는데, 부모가 대수

롭지 않게 지나갔을 수 있습니다. "공부나 하렴."이라며 아이의 관심을 부모가 막았을 수도 있다는 것입니다.

주말마다 아이와 함께 기분 좋게 대청소를 할 수도 있고, 더 재미있게 하기 위해 대청소 후 맛있는 것을 해먹자고 미리 정해도 좋습니다. 청소 장소를 제비뽑기로 정하는 등 다양한 방법을 생각해보세요.

:: 도와 달라고 부탁하자

아이에게 시키지 말고, 도와 달라고 부탁해보세요. 때론 아빠의 협조를 구해도 좋습니다. 아빠와 아이들이 식사 준비를 하는 시간을 매주 정해보는 것도 좋습니다. 아빠와 같이 아이들이 메뉴를 정하고, 장을 봐서 요리하는 것 말입니다. 혹은 엄마와 같이 한 끼 식사 준비를 분담해서 준비해도 좋습니다. 대청소의 경우, 분리수거 같은 뒷정리를 담당해달라고 부탁합니다. 이런 활동들을 통해 집안일을 할 기회를 아이에게 주세요. 일이 즐거워지면 조금씩 자기관리 능력이 생겨납니다.

:: 집 바깥에서 정리하는 것을 가르치자

이것은 공공장소에서 어떻게 행동해야 하는지 가르치는 것입니다. 예를 들면 기차에서 내리기 전에 쓰레기를 버리게 하고, 뒷정리를 하게끔 하는 것입니다. 은행이나 공공장소에서 책을 보고 난 후 제자리에 꽂아 놓도록 하고요. 영화를 보고 나서나 스포츠 경기를 관람하고 난 이후의 뒷정리를 같이 하는 것도 좋겠지요. 이렇게 아이와 함께 정리하고 나서는 꼭 "수고했다. 뒷정리하고 나니까 깨끗해져서 뒷사람

기분도 좋겠다."는 말들로 아이의 행동을 지지해주세요.

:: 반복해서 말하자

앞서의 것과 병행해서 아이와 함께 습관을 바로잡았으면 하는 목록을 만들어봅니다. 일주일에 한두 가지 정도 정해서 부모가 이것을 하도록 일러주는 것입니다. "민호가 옷 좀 걸어 줄래?", "다 먹은 밥그릇을 싱크대에 놔줄래?", "과자 봉지를 쓰레기통에 버릴래?" 등을 말해봅니다. 여기서 주의할 점은 "너 왜 먹고 안 갔다 놔.", "아직도 옷을 여기다 뒀니?", "도대체 너는 생각이 있니? 변기 물 좀 내리지 않고!"처럼 다그치는 어투로 말하지 않는 것입니다.

'부탁의 표현을 반복하는 것'과 '아이를 야단치면서 밀히는 것'이 차이는 큽니다. 아이의 습관은 한두 번 부탁한다고 잡히지 않습니다. 화내지 않고 지속적으로 아이에게 부탁해주세요. 아이들은 "이따가 할게."란 소리를 수시로 합니다. 그 말을 들으면 부모는 갑자기 화가 나지요. 그래도 화내지 말고 "지금 했으면 좋겠어."라고 부탁하십시오. 때론 아이에게 언제 할 것인지, 몇 분 있다 할 것인지를 물어보고 정해보는 것도 좋습니다. 그런 다음 아이가 정한 시간에 하도록 종용하면 됩니다. 이런 일이 반복되면 아이는 부모가 자신을 함부로 대하지 않는다고 느끼기 때문에 점점 반항하는 말투를 줄여갈 것입니다.

:: 행동에 대해 감사를 표현하자

아이에게 다섯 번 정도 말했더니 겨우 옷을 갖다 놉니다. 그렇더라도 아이에게 "고마워."라고 꼭 말해주세요. 이것은 부모 말을 경청해서 들은 것에 대한 고마움의 표현입니다. 속으로는 화가 나도 이것은 아주 중요한 사항입니다.

이러한 방식으로 아이의 생활습관들을 하나씩 바꾸려고 노력하면, 아이는 자기관리가 가능해집니다. <u>부모가 아이에게 명령이 아닌 부탁을 하는 가장 큰 이유는 아이를 인격체로 존중하기 때문입니다. 또 아이의 일상생활 습관이기 때문에 아이가 주체적으로 바꾸었으면 하는 바람 때문입니다.</u>

이렇게 노력해본 아이와 전혀 하지 않은 아이는 집을 떠났을 때의 자기관리 능력에서 차이가 드러납니다. 한 고3 아이가 여행을 갔습니다. 친구의 친척집을 소개 받아서 하룻밤을 자게 되었습니다. 아이가 하루 자고 떠났는데, 그 뒤가 아름답지 못했습니다. 아이가 떠나고 나서 친척 아줌마가 그 방에 들어갔더니 난장판이 되어 있었습니다. 아이는 이불도 개지 않고 샤워하고 난 뒤 수건도 여기저기 던져 놓았습니다. 그 분 말이 "내 자식도 남의 집에 가서 이렇게 행동한다면 너무 낯 뜨거울 것 같다."고 합니다. 비록 능숙하진 못해도 집에서 관리를 자주 해본 아이는 눈치껏 노력해봅니다. 반면 이런 관리를 부모가 다 해준 아이는 밖에서도 아무 노력을 하지 않겠지요.

/ Chapter • 04 /

아이에게 '믿음'의 가치를 생활에서 알려줄 기회
−약속 지키기−

  약속은 참으로 소중합니다. 약속을 지키는 걸 인격의 일부분으로 생각하지요. 그래서 부모는 아이를 양육할 때 약속을 지키는 사람이 되도록 신경을 씁니다. 그런데 부모의 의도와는 달리 아이들이 약속을 지키지 않을 때도 있습니다. 그럴 때 부모는 마치 '큰일이 난 것처럼' 야단을 칩니다. 아이가 약속을 잘 지키는 바른 사람이 되었으면 하는 생각에서지요.

  약속을 잘 지키는 것은 다른 사람에게 '믿을 수 있는 사람'으로 보여주는 것입니다. 약속은 믿음을 담보로 하는데, 신뢰할 수 있는 아이로 키우려는 건 당연한 부모의 역할이겠지요. 하지만 약속을 잘 지키는 아이로 키우는 것이 참 쉽지 않습니다.

가장 중요한 것은 아이가 부모의 행동을 보면서 성장한다는 것입니다. 앞에서도 계속 강조했지만, 부모가 약속을 지키지 않으면서 아이에게 약속을 지키라고 말할 수 없습니다. 부모가 약속을 지키지 않는다면 아이에게 불신이 생깁니다. 그렇게 실망하는 일이 많아지면 아이는 부모가 나를 중요하게 여기지 않는다고 생각하게 됩니다. 아무렇게나 여긴다는 것, 이런 대접을 우리가 다른 사람에게 받았다면 기분이 어떨까요? 매우 속상하고, 실망과 불신의 마음이 들 것입니다.

아이도 감정과 마음이 있습니다. 우리가 느끼는 감정과 같은 감정을 느낄 수 있습니다. 부모가 약속을 지킨다는 것은 내뱉은 말을 중요하게 여긴다는 것입니다. 부모가 약속을 지키면 아이는 부모를 신뢰할 수 있습니다. <u>믿을 수 있는 관계가 되면, 아이는 믿는 사람과의 약속을 지키려고 노력하게 됩니다.</u> 약속을 지키는 부모의 태도에서 약속 지키는 아이가 자란다는 사실을 잊지 마세요. 이것을 기본으로, 여기서는 아이와 약속할 때 어떤 점을 주의해야 하는지 살펴보겠습니다.

부모가 의도한 약속은 잘 지켜지지 않는다

아이가 아주 어릴 때 손가락을 걸고 부모와 약속하기도 합니다. 이때의 약속은 아이가 원했다기보다 부모가 원했지요. 아이가 어려서 약속의 의미를 잘 모르기 때문에 약속을 지키지 않더라도 야단치는 것은 별로 좋지 않습니다. 왜냐하면 약속은 아이가 언어적인 소통이 가능하고 약속의 의미를 알 때 이루어져야 하니까요. 즉 만 5세가 넘어야 가능합니다. 물론 5세 때도 잘 지켜지는 건 아닙니다. 이때도 하지 말자는 의미가 더 강하지 아이가 '노력하겠다.'는 의미는 아닐 수 있습니다. 결국 부모가 의도한 약속은 아이가 마음에서 우러나서 지키는 약속과는 다르다는 것을 알아야 합니다. 그런데도 많은 부모들이 다음과 같은 실수를 합니다. 한번 살펴볼까요?

:: **일방적인 약속은 약속이 아니다**

아이들이 행동을 잘못 하면 부모는 약속을 통보합니다. "너 앞으로 이렇게 하면 안 돼. 만약 이렇게 하면 벌을 줄 거야."라는 것은 약속이라기보다 통보이지요. 이렇게 했는데 아이가 또 잘못하면 "너 약속을 해놓고 왜 안 지키니?"라고 야단칩니다. 이것은 약속을 안 지킨 것이 아니라 잘못을 반복한 것입니다. 약속은 서로 동의해야 합니다. 이런 경우는 흔히 나타납니다.

엄마가 "너 이번에는 학원 열심히 다녀야 해. 알았지?"라고 이야기하는데, 아이는 별 반응이 없습니다. 조급한 엄마는 "빨리 약속해. 얼른!"이라고 몇 번이나 재촉합니다. 아이가 마지못해서 "응."이라고 말했습니다. 한 달이 지났습니다. 아이가 학원에 대충대충 가기 시작합니다. 부모가 아이를 불러서 "너 지난번에 열심히 다니기로 약속했잖아. 왜 안 지켜?"라고 했더니 아이가 말합니다. "내가 약속했어요? 엄마가 했지."라고요. 부모의 조급한 마음에 아이에게 약속하기를 재촉

했다면, 이 약속은 파기될 가능성이 많다고 여기십시오. 아이와 실랑이할 일만 만들어내는 것입니다.

:: 아이 역시 약속의 상대로 존중하자

먼저 약속에는 상대가 있다는 것을 인정하십시오. 그리고 이 상대는 아직 어리고 약속을 잘 지키기 힘든 아이라는 것 역시 인정해야 합니다. 그렇기 때문에 더욱 대화를 통해 약속을 만들어내야 합니다. 서로 타협할 수도 있습니다.

- 엄마: 너 몇 시에 숙제할 거야?
- 아이: 나는 3시에 할래.
- 엄마: 엄마 생각에 3시는 네가 나갔다가 오는 시간이라서 힘들 것 같은데….
- 아이: 그러면 3시 반에 할까?
- 엄마: 그래, 그렇게 해보자.

이런 대화를 하면서 아이가 약속을 지킬 수 있는 상황을 만들어야 합니다. 아이가 할 수 없는 것을 약속하면 좌절감을 느끼게 되고, 매번 약속을 지키지 않는 나쁜 아이가 됩니다. 만일 아이가 노는 것을 너무 좋아해서 매번 약속한 시간을 넘긴다고 해봅시다. 그렇다면 오히려 아이의 놀이 욕구를 인정하고, 실컷 놀 수 있도록 약속을 늦추는 것도 필요합니다. 이것도 대화로 시도해야겠지요.

:: **약속은 수정이 가능하다**

아이가 약속을 잘 지키지 못했다면 어떻게 해야 할까요? 만일 아이가 3시 반에 숙제를 하려고 했는데 시간을 넘겼습니다. 그렇다면 부모는 아이에게 "너 약속했는데, 왜 안 지켜?"라고 야단치기보다 다음에 약속을 정할 때 "3시 반이 힘드네. 몇 시가 좋을까?"라고 물어보고 다시 정해야 합니다. 아이가 스스로 내뱉은 말의 책임을 느끼게 하세요. 약속을 그냥 내뱉어서는 안 된다는 것을 깨우치는 건 매우 중요합니다.

이런 과정을 거치다 보면 아이는 자신의 스케줄이나 행동에 관해 부모에게 이야기할 수 있게 됩니다. "나 몇 시에 뭐하고 몇 시에 뭐할래요." 식으로요. 그러면 부모는 "그래?"라고 반응해주고, 시간이 되었을 때 "네가 말한 시간이 다 되었네."라며 아이가 약속을 지킬 수 있도록 돕습니다. 물론 어떤 아이는 약속시간을 다시 수정하려고 할 것입니다. 그 이유가 타당하면 수정하고, 그렇지 않으면 "네가 그렇게 하기로 했으니까 일단 해봤으면 좋겠다."고 약속을 지킬 것을 부드럽게 종용합니다.

아이의 약속과 립서비스를 구분해야 합니다. 아이가 기분이 좋을 때는 괜히 부모 듣기 좋으라고 "나 이렇게 하고 저렇게 할래요."라고 말하기도 합니다. 이러한 것들을 부모가 약속으로 여기지 않았으면 합니다. 아이가 그럴 때는 그냥 하는 소리라고 여기고 넘어가십시오. 괜히 나중에 '약속을 했니, 안 했니.' 식의 실랑이가 될 수 있기 때문입니다.

부족함 없는
사랑이 준 열매들

Chapter · 05

자존감, 자율성, 안정감,
관계성, 그리고 삶에 대한
긍정적인 열정!

/ Chapter • 05 /

부부에게도
행복의 열매가 열린다

　자녀 양육을 위해 노력하는 데는 무언가 대가를 바라고 하는 건 아닐 겁니다. 하지만 그 노력에는 자연스러운 결실이 맺어집니다. 누구나 바라는 좋은 결실 말입니다. 아이를 위한 노력인데 부부에게도 변화가 찾아옵니다. 단, 여기서 대가와 결과를 바라는 것은 분명히 구분되어야 할 것입니다.

인격적인 성숙이 부부도 성장시킨다

　부모인데 아이 입장에 서서 아이를 키우는 일은 사실 무척 어려운 일입니다. 심지어 어떤 부모는 불쾌함도 느끼지요. 자신의 부모가 그렇게 키우지 않았기 때문에 받은 바 없는 상황에서 아이에게 줘야 하는 '낀 세대'가 되었기 때문입니다. 그렇지만 아이의 입장에 서서 관심과 사랑을 표현하려고 하면 부모 역시 인격적으로 성숙해질 수 있습니다. <u>아이를 내 맘대로 하지 않는다는 것은 아이에게 쩔쩔 맨다는 것이 아니라 아이를 존중한다는 의미입니다.</u> 존중하려는 행동을 통해서 아이는 자라나고 부모는 점점 성숙해집니다.

많은 부모들이 아이들이 어려 부모의 손길이 필요할 때는 의젓한 부모로 행동하지만, 아이들이 성장하고 나면 자녀에게 받을 준비를 하는 <u>나약한</u> 모습이 됩니다. 이때 부모가 늙어 몸은 약하지만 정신만큼은 더 성숙해져 흰머리가 존경의 면류관이 된다면 어떨까요? 아이를 키우면서 아이가 원하는 사랑을 주었고, 부모 역시 성장한다면 가능한 일입니다. 그럼으로써 부부관계에도 적절하게 에너지를 쏟게 됩니다. 부모가 아이를 키우며 상대방이 원하는 것이 무엇인지 읽을 능력이 생긴다면 부부관계에서도 이 부분을 활용할 수 있을 것입니다. <u>다시 말해, 제대로 된 부모 역할은 친밀한 부부관계를 만들어 냅니다.</u>

주변 사람과의 관계에도 열매가 맺힌다

사람이 성장하기에 가장 좋은 환경은 바로 부모가 되는 것입니다. 부모 자리에는 다른 곳에서 느낄 수 없는 희노애락이 다 있기 때문입니다. 인간관계의 기본이 가정에 있다는 것입니다. 가정에서 제대로 된 관계를 만든다면 주변 사람과의 관계도 성숙하게 만들어갈 수 있습니다. 반대로 가정에서 기본적인 관계가 제대로 만들어지지 않으면, 주변 사람들과의 관계를 가족관계로 확장시키는 일이 생기기도 합니다. 다시 말해, 다른 사람들에게서 자신의 욕구를 충족시키려 하거나(집착, 의존) 친밀한 관계를 만들지 못하거나(불안, 경계) 다른 사람들을 자기 마음대로 하려 들거나(통제, 이용) 하는 모습이 나타납니다.

아이를 키우면서 부모는 자신의 모습을 제대로 보게 됩니다. 아이에게 제대로 된 사랑을 주다 보면 자신이 어떻게 자랐는지도 알고, 자신을 제대로 파악하게 되지요. 이 경험은 부모의 성장을 가져옵니다. 반면 어떤 사람들은 자녀를 키우면서 더 망가지기도 합니다. 자신의 욕구를 자녀에게서 채우려 하면 부부뿐 아니라 부모 자녀 관계도 망가집니다. 또한 자신의 행복도 잃게 됩니다. 비록 우리가 적절한 사랑을 받지 못하고 자라서 부족한 부분이 많을 수 있습니다. 그렇더라도 자녀들을 제대로 사랑하려다 보면 우리의 부족함도 채울 수 있게 됩니다. 자녀를 키운다는 것은 줄 것도 없는 내게서 뭔가 더 뺏어내는 과정이 아니라, 더 풍족하고 심리적인 안정감을 갖게 되는 과정이 된다는 것입니다. 이것은 부모 입장이 아닌, 아이의 입장을 염두에 둔 사랑을 줘야지만 가능해집니다.

　결국 자녀를 제대로 키운다는 것은 아이를 인격적으로 존중하고, 함부로 대하지 않았다는 것입니다. 그 결과, <u>가족 모두가 상대방, 주변 사람들에게 함부로 대하지 않고 '존중하는' 태도로 대하게 됩니다.</u>

/ Chapter • 05 /

충분한 사랑으로, 어느 한 부분 모자람 없이 성장하는 아이

많은 부모들이 아이에게 바라는 열매는 '보란 듯이 성공'하는 것입니다. 하지만 '성공'은 자녀를 키우는 목적이 될 수 없습니다. 성공은 아이가 행복함 속에서 자라나며, 자기 스스로 열심히 노력해 얻은 부가 서비스와도 같습니다. 만일 부모가 남들이 보기에 번듯한 것을 열매로 바란다면, 여기서 다루는 열매는 아마 열매로 여기지 않을 수도 있습니다. 하지만 아이에게 이 열매들이 있어야만 행복한 삶 속에서 성공 역시 가능하다는 것을 잊지 말아야 합니다.

:: 안정감

아이가 원하는 사랑을 충분히 받으면, 부모를 신뢰하게 됩니다. 자신이 의지할 대상자와의 관계가 잘되면 신뢰, 믿음이 생기고 행동은 더 안정감 있게 됩니다. 아이는 세상을 불안한 곳으로 여기지 않고, 경계하지 않을 것입니다. 이러한 안정감은 가족 모두에게 영향을 주어, 가정 역시 상당히 안정적으로 되어갈 것입니다.

:: 자신감

자신의 뒤가 든든한 (백이 있는) 사람은 당당합니다. 절대 주눅 들지 않고, 위축되지 않습니다. 이 당당함은 내가 의지할 대상(부모), 믿을 만한 대상(부모), 날 사랑하는 대상(부모)이 있어야 가능합니다. 부모에게 사랑한다는 말을 많이 들은 아이가 아니라 자신이 원한 사랑을 충분히 받은 아이가 자신감이 있을 것입니다. 과연 부모인 우리는 아이들에게 믿을 만한 존재가 되고 있을까요?

:: 자존감

자존감은 자신을 괜찮은 사람이라고 여기는 마음입니다. 누군가가 괜찮다고 이야기해줘서 자신이 괜찮아지는 것이 아니라 자기 스스로 존재감을 느끼는 것입니다. 이것은 자신이 괜찮은 사람이라고 믿어준 부모를 두어야지만 얻어지는 열매입니다. 아이의 말에 비난이나 지적을 얼마나 줄이고 (남에게 피해 주는 행동을 하지 않는 범위 내에서) 아이의 말을 경청하느냐에 따라 커질 수 있는 열매입니다. 자존감은 뭔가 잘하는 능력이나 성취에서 생기는 것이 아니라 부모가 아이를 존중해줄 때 생깁니다. 이 존중 역시 사랑의 형태입니다. "넌 괜찮은 아이야." "넌 잘할 수 있어."라는 말들로 자존감을 만들어주는 것은 아닙니다. 말보다 더 중요한 것은 아이를 존중해주는 태도입니다. 존중 받은 아이는 자신을 존중합니다. 존중의 말만 들은 아이는 뇌에 '나는 괜찮은 아이'여야 한다는 개념은 있지만 생활이나 태도에서 자존감이 낮은 모습들이 나타납니다.

:: 독립심

아이가 자라면서 몸이 성장하듯이 정신적인 성장도 이루면서 부모에게서 독립을 하게 됩니다. 육체의 성장에 영양소가 필요한 것처럼 정신적인 성장에는 욕구의 충족이라는 영양소가 있어야 합니다. 부모가 충분한 관심으로 아이가 원하는 욕구를 채워주면(의존의 욕구를 충족해주면) 아이는 서서히 독립하려는 욕구를 보입니다. 무엇이든 스스로 선택하고 결정하려고 합니다. 처음엔 이러한 선택과 결정이 원초적인 것(먹는 것, 장난감 등)에서 시작되어 어떻게 놀고, 무엇을 이용할지 등을 고민하고 선택하는 식으로 발전해나갑니다.

아이의 독립을 위해서 부모는 아이 곁에서 지켜보며 응원의 박수만 보내고 아이가 손을 내밀 때 잡아주면 됩니다. 아이는 독립할 준비를 하고 홀로서기가 가능해집니다. 홀로서기는 내면의 뼈가 단단해지고 스스로 설 수 있다는 것입니다. 정말 아이들이 홀로서기를 원한다면 독립하려는 마음을 보일 때 응원과 지지를 보내주세요. 아이가 부모의 간섭이 싫어서 독립하는 것은 어찌 보면 도망입니다. 아이가 원하는 사랑과 욕구를 충분히 주면 아이는 건강하게 자립하게 됩니다.

:: 열정과 삶의 동기

우리 아이가 자신의 삶을 열정적으로 재미있고 행복하게 살 수만 있다면 이게 성공이 아닐까요? 아이들이 이렇게 살아가려면 이전에 뭔가가 주어져야만 합니다. <u>아이들이 원하는 것은 즐거움과 기분 좋음입니다.</u> 아이들이 자라면서 얼마나 기분 좋아하고 웃으면서 지냈나요? 아이가 웃을 일이 많지 않았다면 즐겁게 살기가 쉽지 않습니다. 물론 어른이 되어서 즐겁게 살려고 노력하면 어느 정도 도움이 되겠지만 과거가 즐겁지 않으면 현재의 즐거움은 의도적인 노력이 (많이) 필요합니다. 어떤 경우에는 우울한 얼굴에 웃음의 가면을 쓰고 살아가는 사람들도 봅니다. 그냥 내면에 즐거워서 열심히 살 수 있는 건 아이가 자라면서 제대로 된 사랑을 받았기 때문입니다.

삶의 동기는 아이에게 꿈을 가지게 하고 꿈을 위해 학습의 동기도 가지게 합니다. 아이는 의무적으로 스트레스를 받아가면서 공부하는 것이 아니라 즐거움이 동반된 학습 태도를 가질 것입니다.

다시 말해 사랑을 받고 있다고 여기는 아이들은 학습 역시 편안하게 받아들입니다. 아이의 학습 태도를 어떻게 잡아줄지를 고민한다면 아이가 사랑 받고 있다고 여기도록 해주세요. 그러면 고민은 해결입니다!!!

:: NO를 말할 줄 아는 태도

아이가 부모에게 수용받으면 다른 사람들을 수용할 줄 알게 됩니다. 하지만 그렇다고 자신에게 부정적이고 손해인 상황에서도 다른 사람을 수용한다는 건 아닙니다. 이런 것은 아이 내면의 힘이 약하다는 의미입니다. 아이가 자라면서 부모에게 충분히 받아들여지고 자신의 의사를 잘 표현하고, 부모에게 NO를 할 줄 안다면, 불의한 상황이나 자신에게 좋지 않은 상황에서도 NO를 말할 수 있습니다. 다른 사람들의 부당한 통제에 적절하게 NO를 말할 줄 아는, 힘 있는 아이도 부족함 없는 사랑의 결실입니다.

:: 배려할 줄 아는 멋쟁이

아이를 제대로 사랑한다는 것은 아이의 욕구, 마음, 모든 것을 배려한다는 것을 의미합니다. 배려를 받은 아이는 부모로부터 사랑을 받은 아이이죠. 이런 아이들은 틀림없이 다른 사람을 배려하고 성숙하며 이타적인 사람으로 살아갈 것입니다. 배려를 받지 못한 아이들은 남들이 자신을 배려해주기를 내심 바랍니다. 그러다가 배려를 받지 못하면 서운하고 화가 나지요. 배려를 받은 아이만 배려할 수 있다는 것을 기억하십시오!

가족 구성원들이 서로 독립적이며 친밀한 관계를 유지하려면 이러한 부족함 없는 사랑의 열매들이 필요합니다. 부모에게서 받은 사랑과 그 열매로 인해 아이는 편안할 때는 상황을 즐길 줄 알고, 스트레스를 받을 때는 적절한 대처를 하게 됩니다. 더 나아가 가족의 결속력이 생겨서 가족의 순기능을 발휘하는 건강한 가족이 될 것입니다.

아이에게 맞춰서, 아이의 입장에서만 보게 되면 아이가 나약하게 자랄 것 같은 느낌이 계속 드나요? 아이의 욕구 중 선택권을 존중하면, 아이는 도전을 두려워하지 않고 자신의 선택이 힘들고 어려워도 포기하지 않는 사람으로 자랄 것입니다. 그렇기 때문에 (아이의 선택이라면 몰라도 부모의 선택으로) 일부러 어려운 고난이나 역경을 경험하게 할 필요도 없다는 것입니다. <u>아이가 지닌 자율성의 욕구를 인정하면 아이는 자연스럽게 강하게 자랍니다.</u>

부모가 아이에게 사랑을 주려고 노력했는데도 아이를 키우면서 원치 않는 결과에 당황하는 일이 생깁니다. 이것을 부모가 아이에게 제대로 된 사랑을 하고 존중했는지를 살펴봐야 할 계기로 생각해보세요. 아이와 함께 부모도 행복해지고 싶다면 지금 아이를 향한 사랑이 너무 한 곳에만 집중되어 있지는 않는지, 내 기준인지를 살펴보세요. 이 사랑이 우리 가족에게 어떤 영향을 주는지를 고민해보았으면 합니다.

나가는 말

/아이에게 필요한 사랑의 모습/

우리는 아이들에게 좋은 부모이길 원합니다. 또한 부모 노릇도 잘하고 싶습니다. 하지만 아이를 키우면서 매번 혼란스러운 순간들이 옵니다. 그럴 때를 위해 부모와 아이 사이에 기본으로 둬야 할 가치관을 알아야 합니다.

당연히 부모와 아이 사이의 가장 기본이 되는 건 사랑입니다. 하지만 내가 원하는 사랑의 형태가 아니라 아이에게 필요한 사랑의 형태여야 됩니다. 중 3인 아이를 2, 3세 아이를 대하듯 부모가 챙겨주는 건 사랑이 아니지요. 또 6세 아이에게 중학생처럼 모든 것을 알아서 할 수 있다고 생각하는 것 역시 사랑은 아닙니다. 아이 발달 단계에 맞는 관심과 사랑을 주도록 노력하는 모습이 필요하겠지요.

또한 아이에게 사랑을 주면서도 도덕적인 부분을 항상 고려해야 합니다. 아이를 받아줄 때 '도덕적으로 문제가 있는가? 죄를 짓는 일인가? 남에게 피해가 되는가? 공공질서를 지키지 않는 것인가?' 등을 고려해야 합니다. 사랑과 도덕성의 균형은 매우 중요합니다. 이 둘이 제대로 서 있을 때 아이도 행복해지고, 부모도 적절한 역할을 할 수 있습니다.

이 기본적인 방향이나 육아의 가치관에는 부모의 인내가 필요합니다. 아이에게 도움이 되는 행동을 지속적으로 해줘야 하기 때문입니다. 아이의 행동에 맞춰 무조건 참으라는 의미가 아닙니다. 다만 부모가 해줘야 할 것이라면 때론 실패하고 잘 안 되어도 지속적으로 해보려는 태도를 지녀야만 합니다. 그것을 '인내'라고 말하고 싶습니다. 아이와의 관계에서 인내하려고 노력하는 부모는 그 노력의 결과들을 볼 수 있습니다.

이 인내 위에 또 하나 얹어져야 할 것이 부드러움입니다. 아이에게 지적하거나 대화를 나눌 때 부드러움이 필요합니다. 이것에 대해 '부모는 사람이 아니냐. 감정이 있는데.'라고 생각할 수도 있습니다. 매 상황에서 자신의 감정을 다 빼고 부드럽게 할 수 있는 부모가 몇이나 될까요? 그러므로 이것은 '되도록이면'이라는 것을 전제합니다. 정말 내 감정이 격해져서 그런 것이라면 할 수 없지요. 부모도 충분히 이런 실수를 할 수 있습니다. 하지만 그렇더라도 또다시 부드러움을 가지려고 노력하려는 태도가 필요합니다. 부드러운 태도를 지니기에 조금 쉬운 방법은 옆집 아이를 대한다고 여기는 것입니다. 옆집 아이에게는 그렇게 마음 놓고 대하지는 않으니까요.

이 부드러움 위에 '아이의 실수를 수용하는 아량이 필요합니다. 도덕적으로 문제되지 않는 이상 아이가 실수할 수 있음을 인정하고 받아주는 것입니다. 이것은 '방치'가 아닙니다. 아이가 실수하면 마치 큰일이 난 것처럼 야단치고, 약속을 강요하는 태도를 갖지 말라는 것입니다. 오히려 실수에 대한 책임을 아이가 지도록 기회를 주면, 아이는 자연히 실수하지 않도록 노력하게 됩니다.

이 아량 위에서 독립을 준비하는 것입니다. 아이는 걷기 시작하면서 사실 부모와 떨어질 준비를 합니다. 점점 세상을 향해 나아가지요. 부모의 관심과 사랑을 받으면서 독립을 준비합니다. 이럴 때 부모 역시 아이가 떨어져 나가는 만큼 아이에게서 감정적으로 떨어질 준비를 해야 합니다. 이러한 부분들은 앞에서 사춘기(1~4춘기)를 다루면서 이야기했습니다. 아이들이 중학생만 되어도 같이 외식 한 번 하기 힘들지 않습니까? 그런데 우리 부모들은 이럴 때 오히려 적극적으로 아이의 생활에 개입하는 경우를 종종 봅니다. 조금 뒤로 물러서서 아이를 지켜봐야 할 시기임에도 말입니다. 부모가 아이에 대해 점점 모르는 것이 생기고, 아이 나름대로 비밀이 생기는 것에 대해 너무 걱정할 필요가 없습니다. 아이가 커간다는 것이지요. 물론 아이에게 과거의 빈자리가 있는 상태에서 비밀이 생기면 '도움이 필요할 때 도와 달라'고 부탁하지 못하는 부작용도 있을 수 있습니다. 이러한 부분들은 부모가 챙겨야 할 부분일 것입니다.

아이의 현 상태를 점검하라는 것은 그런 의미입니다. 아이의 정서, 학습, 일상관리 능력 등이 자기 나이 대인지를 파악하고, 그렇지 않다면 현재의 나이 수준이 아니라 현재 보이는 수준으로 대해주어야 합니다. 부모가 노력한다고 해도 아이는 틈틈이 허점이 있을 수 있습니다. 때론 외부 상황 때문에 스트레스가 생깁니다. 그래서 리모델링이 필요합니다. 리모델링을 긍정적으로 받아들이는 것은 우리가 실수가 많은 인간임을 인정하는 것입니다. 부모 노릇을 잘하고 싶어도 잘 안 될 때가 많습니다. 그럴 때 자책하지 말고 또다시 리모델링하는 마음으로 나아가는 것이 필요합니다. 리모델링을 하고 나서도 실수는 하겠지요. 중요한 것은 노력하는 자세입니다.

  많은 부모들이 아이에게 모든 것을 다 주고 싶어 합니다. 교육적인 환경뿐 아니라 좋은 대학과 좋은 직장, 좋은 배우자, 좋은 집까지 다 주는 게 부모 역할이고, 잘하는 것이라 생각합니다. 하지만 부모는 아이에게 기본적인 품성, 인간관계능력, 하고 싶은 일에 대한 열정 같은 자산을 아이가 만들도록 돕는 역할만 하면 됩니다. 이후 이것을 조합해서 삶을 이끌어나가는 것은 자녀들의 몫이고, 그것을 따뜻하게 지지하고 지켜봐주는 것이 진정한 부모의 모습임을 잊지 말기 바랍니다.